基礎から学べる 新装版
投資・運用関連数式集

砺波 元［著］

一般社団法人金融財政事情研究会

【まえがき】利用上のポイント

〈幅広いニーズに応える数式集〉

2003～2011年に刊行されていた『基礎から学べる投資・運用関連数式集』の新装版です。

本書は、投資・運用の基本概念を理解するために必要な数式をテーマごとに整理しています。項目の取捨選択にあたっては、DCプランナー認定試験（日本商工会議所・各地商工会議所と（一社）金融財政事情研究会の共催）の出題範囲および対応教材に含まれている内容を参考にしていますが、DCプランナーをめざす方々に限らず投資・資産運用ビジネスに携わる金融関係者、個人投資家を含む一般の方々にも広くお役に立てるものと考えています。

〈全項目を見開き2ページで構成〉

（ページサンプル）

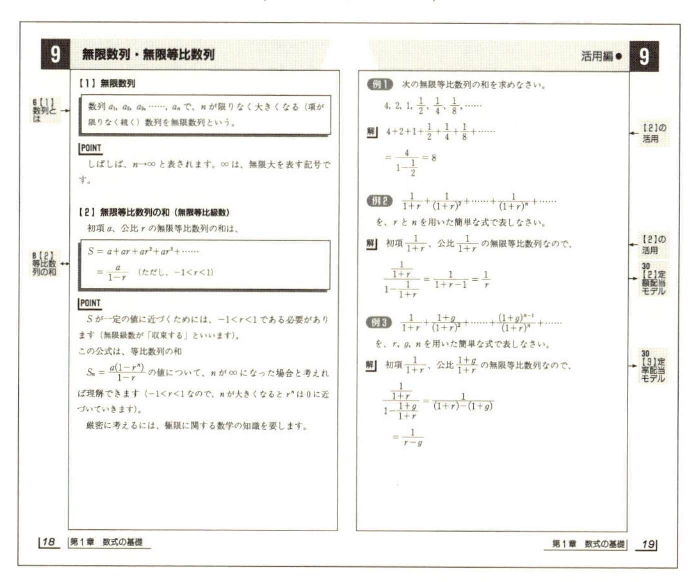

9 無限数列・無限等比数列

【1】無限数列

6【1】数列とは →

数列 $a_1, a_2, a_3, \cdots\cdots, a_n$ で、n が限りなく大きくなる（項が限りなく続く）数列を無限数列という。

POINT

しばしば、$n\to\infty$ と表されます。∞は、無限大を表す記号です。

【2】無限等比数列の和（無限等比級数）

初項 a、公比 r の無限等比数列の和は、

8【2】等比数列の和 ↔

$$S = a+ar+ar^2+ar^3+\cdots\cdots$$
$$= \frac{a}{1-r} \quad （ただし、-1<r<1）$$

POINT

S が一定の値に近づくためには、$-1<r<1$ である必要があります（無限級数が「収束する」といいます）。

この公式は、等比数列の和

$S_n = \frac{a(1-r^n)}{1-r}$ の値について、n が∞になった場合と考えれば理解できます（$-1<r<1$ なので、n が大きくなると r^n は0に近づいていきます）。

厳密に考えるには、極限に関する数学の知識を要します。

18 第1章 数式の基礎

活用編● 9

例1 次の無限等比数列の和を求めなさい。

$4, 2, 1, \frac{1}{2}, \frac{1}{4}, \frac{1}{8}, \cdots\cdots$

解 $4+2+1+\frac{1}{2}+\frac{1}{4}+\frac{1}{8}+\cdots\cdots$

$= \frac{4}{1-\frac{1}{2}} = 8$

← 【2】の活用

例2 $\frac{1}{1+r}+\frac{1}{(1+r)^2}+\cdots\cdots+\frac{1}{(1+r)^n}+\cdots\cdots$

を、r と n を用いた簡単な式で表しなさい。

解 初項 $\frac{1}{1+r}$、公比 $\frac{1}{1+r}$ の無限等比数列なので、

← 【2】の活用

$$\frac{\frac{1}{1+r}}{1-\frac{1}{1+r}} = \frac{1}{1+r-1} = \frac{1}{r}$$

→ 30【2】定額配当モデル

例3 $\frac{1}{1+r}+\frac{1+g}{(1+r)^2}+\cdots\cdots+\frac{(1+g)^{n-1}}{(1+r)^n}+\cdots\cdots$

を、r, g, n を用いた簡単な式で表しなさい。

解 初項 $\frac{1}{1+r}$、公比 $\frac{1+g}{1+r}$ の無限等比数列なので、

→ 30【3】定率配当モデル

$$\frac{\frac{1}{1+r}}{1-\frac{1+g}{1+r}} = \frac{1}{(1+r)-(1+g)}$$
$$= \frac{1}{r-g}$$

第1章 数式の基礎 19

本書では、数式や係数表を全部で５章52項目に分類し、見開き２ページずつに見やすくまとめました。左側ページが数式とその説明、右側ページが数値例の問題を中心とした活用編になっています。

〈関連項目がひとめでわかるレイアウト〉

本書内で互いに関連のある項目は、各見開き両端の矢印で示しました。

Ａ⟷Ｂは、「等差数列」⟷「等比数列」のようにＡとＢが対になる概念を表しています。またＡ→Ｂは、「等比数列」→「年金の現在価値」のように、Ａを利用してＢの概念が説明できることを表しています。Ｂの項目を読んで理解が十分でない場合は、Ａのページに戻って理解を助けるようにしてください。

〈本書は数式が主役〉

左側ページの数式は枠で囲んで簡潔に示し、数式の記号はできるだけ一般的なものを用いました。数式の下のPOINT欄は、数式を有機的に理解できるよう、さまざまな視点から言葉による説明を加えています。

〈高度な数学の知識は不要〉

数学の予備知識を前提とせずに読めるよう、本書の前半部分では中学～高校レベルの数学の解説を取り入れています。また、数式の証明が必要なものは簡潔に示してありますが、高度な数学を必要とするものについては、証明は割愛しました。その他、正規分布表の見方を紹介する一方で、正規分布の確率密度関数を省略するなど、数学的な難易度により内容を厳選してあります。さらに深く学習されたい方は、必要に応じて数学の専門書をご確認ください。

〈豊富な数値例〉

具体的な数値例は、右側ページにスペースの許す限り多く掲載しました。適宜四捨五入を行っているため、見かけ上で計算が合っていない場合があります。普通の電卓で計算できない問題については、関数電卓や表計算ソフトの使用をおすすめします。特に、各所に〈**Excel 関数を用いると…**〉という項を設けて、Excel 関数の使用例を紹介しています。

本書の新装刊と同時に、長年にわたってポートフォリオのリターン・リスク分析の基本書として高い評価をいただいてきた『資産運用のパフォーマンス測定』を18年ぶりに改訂しました（本書巻末広告参照）。本書にあげた数式の意味、使い方をさらに深く学びたい方は、『資産運用のパフォーマンス測定【第２版】』もあわせてご活用ください。

目　次

第１章　数式の基礎

第２章　確率・統計の基礎

第3章　運用利回りと現在価値・将来価値

第4章　年金の現在価値・将来価値

第5章　投資・運用パフォーマンスの測定

第1章

数式の基礎

1 式の展開計算

【1】展開計算の基本

① $a(b+c) = ab+ac$

② $(a+b)(c+d) = ac+ad+bc+bd$

③ $(a+b)(c+d+e) = ac+ad+ae+bc+bd+be$

④ $(a+b)(c+d)(e+f) = ace+acf+ade+adf+bce$
$+bcf+bde+bdf$

POINT

分配法則としても知られる①を利用すると、以下のように②が成立することがわかります。

$$(a+b)(c+d) = a(c+d)+b(c+d)$$
$$= ac+ad+bc+bd$$

③、④のように項数が増えた場合も同様に、①を基本として成立します。③を長方形の面積（＝縦×横）を用いて表すと、下のようになります。

	c	d	e
a	ac	ad	ae
b	bc	bd	be

【2】よく使われる展開公式

① $(x+y)(x+z) = x^2+x(y+z)+yz$

② $(x+y)^2 = x^2+2xy+y^2$

③ $(x-y)^2 = x^2-2xy+y^2$

④ $(x+y)(x-y) = x^2-y^2$

⑤ $(x+y)^3 = x^3+3x^2y+3xy^2+y^3$

⑥ $(x-y)^3 = x^3-3x^2y+3xy^2-y^3$

POINT

【1】を基本とした展開公式としていずれもよく知られています。

例1 $(2a+3b)(4c-d)$ を計算しなさい。

解 $(2a+3b)(4c-d)=8ac-2ad+12bc-3bd$

【1】② の活用

例2 $(a-2b+2c)(2a+b-3c)$ を計算しなさい。

解 $(a-2b+2c)(2a+b-3c)$

$=2a^2+ab-3ac-4ab-2b^2+6bc+4ac+2bc-6c^2$

$=2a^2-2b^2-6c^2-3ab+ac+8bc$

【1】③ の活用

参考 下の図のように順序よく掛け合わせて足していき、漏れがないように注意。

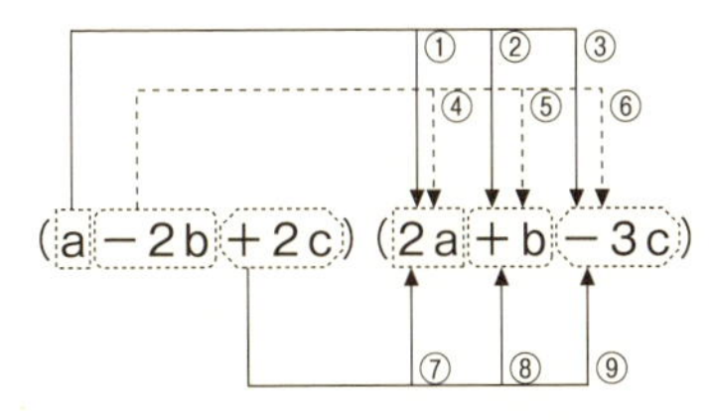

例3 $(a+2b)(a+3c)(d-2)$ を計算しなさい。

解 $(a+2b)(a+3c)(d-2)=a^2d-2a^2+3acd-6ac+2abd$

$-4ab+6bcd-12bc$

【1】④ の活用

例4 $(a+3b)^2$ を計算しなさい。

解 $(a+3b)^2=a^2+3ab+3ab+9b^2$

$=a^2+6ab+9b^2$

【2】② の活用

例5 $(2a+b)(2a-b)$ を計算しなさい。

解 $(2a+b)(2a-b)=4a^2-2ab+2ab-b^2$

$=4a^2-b^2$

【2】④ の活用

2 方程式

【1】2次方程式の解

$ax^2+bx+c=0 \quad (a\neq0)$ のとき、

$$x=\frac{-b\pm\sqrt{b^2-4ac}}{2a}$$

ただし、実数解をもつための条件は、$b^2-4ac\geqq0$

POINT

2次方程式の解の公式と呼ばれるもので、投資の分野では実数解に限って考えてよいので、$b^2-4ac\geqq0$ が、解が存在する必要条件になります。この公式の証明は、以下のとおり。

$$ax^2+bx+c=0$$

$$ax^2+bx+\frac{b^2}{4a}-\frac{b^2}{4a}+c=0$$

$$a\left(x^2+\frac{b}{a}x+\frac{b^2}{4a^2}\right)-\frac{b^2}{4a}+c=0$$

$$a\left(x+\frac{b}{2a}\right)^2=\frac{b^2-4ac}{4a}$$

$$\left(x+\frac{b}{2a}\right)^2=\frac{b^2-4ac}{4a^2}$$

$$x+\frac{b}{2a}=\pm\frac{\sqrt{b^2-4ac}}{2a}$$

$$x=\frac{-b\pm\sqrt{b^2-4ac}}{2a}$$

【2】n 次方程式の解

$a_1x^n+a_2x^{n-1}+\cdots\cdots+a_nx+a_{n+1}=0$ のとき、一般的な解の公式は存在せず、表計算ソフトなどを用いて求める。

例1 $2x^2+7x+6=0$ のとき、xの値を求めなさい。

解

$$x=\frac{-7\pm\sqrt{7^2-4\times2\times6}}{2\times2}$$

$$=\frac{-7\pm1}{4}$$

$$=-2、-\frac{3}{2}$$

【1】の活用

〈Excel 関数を用いると…〉

$x^4-5x^2+4=0$ のとき、xの値を Excel のゴールシークを用いて求めると、

①まず、どれかのセル（ここでは A1 とする）に、適当な初期値を入力します。

②別のセル（ここでは A2 とする）に、数式「=A1^4-5*A1^2+4」を入力します。

③ツールの中から「ゴールシーク」を選び、数式入力セルを A2、目標値を 0、変化させるセルを A1 とします。

④「OK」を押すと、1 つ目の解が見つかります。

⑤初期値を変えて繰り返し実行します。

この方程式の解は、±1、±2 の 4 個となります。

【2】の活用

参考 方程式の解を求める Excel のツールとしては、ゴールシークのほかにソルバーがあります。ソルバーを用いると、方程式を解く以外にも、条件付き最大最小値問題を解くこともできます。

3 指数の性質

【1】指数の性質

① $a^m \times a^n = a^{m+n}$

② $(a^m)^n = a^{mn}$

③ $(ab)^n = a^n b^n$

④ $a^0 = 1$

⑤ $a^{-n} = \dfrac{1}{a^n}$

（ただし、$a>0$、$b>0$）

POINT

指数とは文字の右肩に付記して、その累乗（同じ数または文字を何度か掛け合わせること）を示す数字や文字をいいます。a^2 や a^n の 2 や n です。a^n は「a の n 乗」と読みます。2^3 は「2 の 3 乗」と読み、$2\times2\times2$ と同じことです。ただし、n は整数でなくてもよく、負の値になることもあります。

【2】指数関数のグラフ（$y=a^x$）

$a>1$ の場合

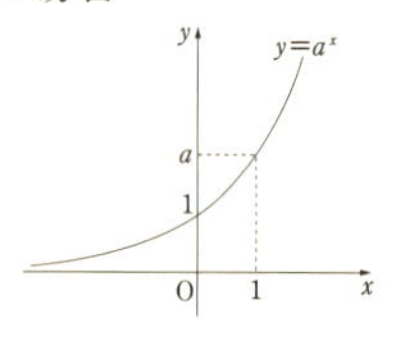

$0<a<1$ の場合

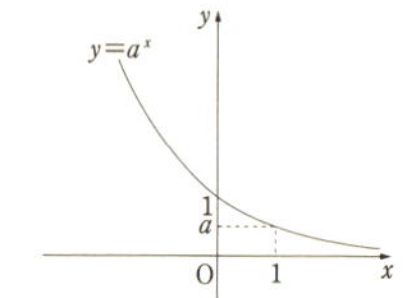

【3】累乗根と指数

$$\sqrt[n]{a} = a^{\frac{1}{n}}$$

POINT

$x^n=a$ のとき、x を a の n 乗根といい、$\sqrt[n]{a}$ と書きます（n は正の整数)。$n=2$ のときは、単に $\sqrt{a}$ と表します。

$\sqrt[n]{a}$ も $a^{\frac{1}{n}}$ も「n 乗すると a になる数」という意味です。なぜならば、$(a^{\frac{1}{n}})^n = a^{\frac{1}{n}\times n} = a$

例 1 $2^3 \times 2^4 = 2^{3+4} = 2^7$

【1】①の活用

参考 $2^3 \times 2^4 = (2 \times 2 \times 2) \times (2 \times 2 \times 2 \times 2)$
$= 2 \times 2 \times 2 \times 2 \times 2 \times 2 \times 2 = 2^7$
と考えます。

例 2 $(2^2)^3 = 2^{2 \times 3} = 2^6$

【1】②の活用

参考 $(2^2)^3 = (2 \times 2) \times (2 \times 2) \times (2 \times 2)$
$= 2 \times 2 \times 2 \times 2 \times 2 \times 2 = 2^6$
と考えます。

例 3 $(2 \times 4)^3 = 2^3 \times 4^3$

【1】③の活用

参考 $(2 \times 4)^3 = (2 \times 4) \times (2 \times 4) \times (2 \times 4)$
$= 2 \times 2 \times 2 \times 4 \times 4 \times 4 = 2^3 \times 4^3$
と考えます。

例 4 $2^0 = 1$

【1】④の活用

例 5 $2^{-1} = \frac{1}{2}$

【1】⑤の活用

例 6 $2^{-2} = \frac{1}{2^2} = \frac{1}{4}$

参考 (例 4)～(例 6)については、正の整数の場合を拡張するとイメージしやすくなります。

$2^{-2} = \frac{1}{4}$
$2^{-1} = \frac{1}{2}$
$2^0 = 1$
$2^1 = 2$
$2^2 = 4$
$2^3 = 8$
$2^4 = 16$

↓ 指数が1増えるに従って、値は2倍になっていく

例 7 $2^3 = 8 \longleftrightarrow 2 = \sqrt[3]{8}$

【3】の活用

例 8 $\sqrt[5]{3} = 3^{\frac{1}{5}}$

例 9 $\sqrt[5]{3^2} = 3^{\frac{2}{5}}$

4　対数の性質

3【1】指数の性質 →

【1】対数の定義

$y = \log_a X \longleftrightarrow X = a^y$

（ただし、$a>0$、$a \neq 1$、$X>0$）

POINT

$\log_a X$ とは、「a を何乗すれば X になるか」を表す値です。したがって、指数関数と裏返しの関係にあり、$X=a^y$ のとき、y を「a を底とする X の対数」といい、$y=\log_a X$ と書けます。

log は「ログ」と読みます。「対数」を意味する logarithm からきています。

【2】対数関数のグラフ（$y = \log_a X$）

$a>1$ の場合

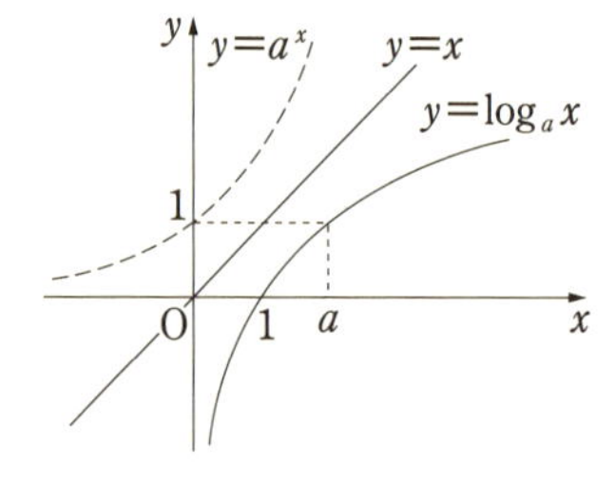

$0<a<1$ の場合

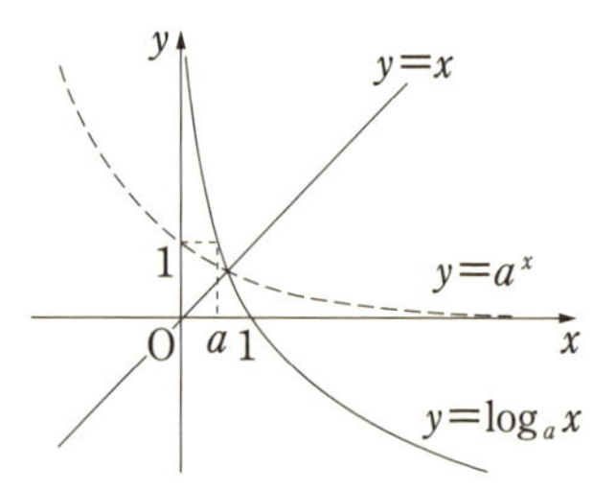

【3】対数の性質

① $\log_a xy = \log_a x + \log_a y$

② $\log_a \dfrac{x}{y} = \log_a x - \log_a y$

③ $\log_a x^n = n \log_a x$

④ $\log_a x = \dfrac{\log_b x}{\log_b a}$

例1 $\log_2 8$ を求めなさい。

解 $2^3 = 8$ より、$\log_2 8 = 3$

【1】の活用

例2 $\log_{0.5} 4$ を求めなさい。

解 $0.5^{-2} = \dfrac{1}{0.5^2} = 4$ より、$\log_{0.5} 4 = -2$

例3 $\log_2 128 = \log_2 8 + \log_2 16$ が成立することを説明しなさい。

解 $\log_2 128 = \log_2 (8 \times 16) = \log_2 (2^3 \times 2^4)$

$= \log_2 2^{3+4} = \log_2 2^7 = 7$

$\log_2 8 + \log_2 16 = \log_2 2^3 + \log_2 2^4 = 3 + 4 = 7$

3【1】指数の性質②

例4 $\log_2 \dfrac{5}{3} = \log_2 5 - \log_2 3$

【3】②の活用

例5 $\log_2 5^2 = 2 \log_2 5$

【3】③の活用

例6 $\log_3 5 = \dfrac{\log_{10} 5}{\log_{10} 3}$ が成立することを説明しなさい。

解 $\log_3 5 = x$、$\log_{10} 5 = y$、$\log_{10} 3 = z$ とおくと、

$3^x = 5$、

両辺の対数をとると

$\log_{10} 3^x = \log_{10} 5$

$x \log_{10} 3 = \log_{10} 5$

$x = \dfrac{\log_{10} 5}{\log_{10} 3}$

すなわち、$\log_3 5 = \dfrac{\log_{10} 5}{\log_{10} 3}$

指数と同様に、対数の場合も整数以外や負の数でも定義できます。

指数関数		対数関数	
$2^{-2} = \dfrac{1}{4}$	$2^0 = 1$	$\log_2 \dfrac{1}{4} = -2$	$\log_2 1 = 0$
$2^{-1} = \dfrac{1}{2}$	$2^{\frac{1}{2}} = \sqrt{2}$	$\log_2 \dfrac{1}{2} = -1$	$\log_2 \sqrt{2} = \dfrac{1}{2}$
$2^{-\frac{1}{2}} = \dfrac{1}{\sqrt{2}}$	$2^1 = 2$	$\log_2 \dfrac{1}{\sqrt{2}} = -\dfrac{1}{2}$	$\log_2 2 = 1$
	$2^2 = 4$		$\log_2 4 = 2$

5 常用対数

4【1】対数の定義 →

【1】常用対数

「$\log_{10} X$」を常用対数という。常用対数表（**10**(付録)参照)、関数電卓、表計算ソフトなどにより、X の値がわかれば $\log_{10} X$ の値を調べることができる。$\log_{10} X$ は $\log X$ とも表す。

4【3】対数の性質 →

【2】常用対数を用いた計算

① $\log_a b = \dfrac{\log_{10} b}{\log_{10} a}$

② $\log_{10} a = n + \log_{10} \dfrac{a}{10^n}$

POINT

関数電卓、表計算ソフトがない場合でも、常用対数表を用いて対数の値を求めることができます。まず①のように、常用対数を分母・分子とする式に変換し、分母・分子それぞれを常用対数表で調べます。この変換は、**4**【3】対数の性質④を利用しています。

②は、a が10より大きい値の場合に利用します（常用対数表には通常、a が10未満の場合しか掲載されていません）。この変換は、**4**【3】対数の性質①を利用しています。

例1 常用対数表を用いて $\log_{10} 2$ を求めなさい。

10 常用対数表

解 $\log_{10} 2 = 0.3010$

例2 常用対数表を用いて $\log_2 3$ を求めなさい。

【2】① の活用

解 $\log_2 3 = \dfrac{\log_{10} 3}{\log_{10} 2} = \dfrac{0.4771}{0.3010} = 1.5850$

例3 常用対数表を用いて $\log_{10} 255$ を求めなさい。

【2】② の活用

解 $\log_{10} 255 = \log_{10} 100 + \log_{10} 2.55 = 2 + 0.4065 = 2.4065$

例4 常用対数表を用いて $\log_{150} 250$ を求めなさい。

【2】①②の活用

解 $\log_{150} 250 = \dfrac{\log_{10} 250}{\log_{10} 150} = \dfrac{\log_{10} 100 + \log_{10} 2.5}{\log_{10} 100 + \log_{10} 1.5}$

$= \dfrac{2 + 0.3979}{2 + 0.1761} = 1.1019$

〈Excel 関数を用いると…〉

Excel には、対数を求める関数 LOG があります。

$\log_2 3$ ならば、LOG (3, 2) とします。常用対数の場合は、$\log_{10}$ 1.42ならば、LOG (1.42, 10) とします。10を省略して LOG (1.42) でもかまいません。

6 数 列

【1】数列とは

一定の規則で並んだ数の列を数列といい、a_1, a_2, a_3, ……, a_n と表す。

a_1：初項、n：項数

【2】Σ（シグマ）の使い方

① $\sum_{k=1}^{n} a_k = a_1 + a_2 + a_3 + \cdots\cdots + a_n$

② $\sum_{k=m}^{n} a_k = a_m + a_{m+1} + a_{m+2} + \cdots\cdots + a_n$

POINT

Σはギリシア文字の大文字で、シグマと読みます。数列の和を表す記号として用いられます。

Σの下と上に小さく書かれた数または記号がそれぞれ、変数に代入する値の最初と最後を表しますが、わかりきっている場合は省略されることもあります。

【3】Σを用いた計算

① $\sum_{k=1}^{n} (a_k + b_k) = \sum_{k=1}^{n} a_k + \sum_{k=1}^{n} b_k$

② $\sum_{k=1}^{n} (a_k - b_k) = \sum_{k=1}^{n} a_k - \sum_{k=1}^{n} b_k$

③ $\sum_{k=1}^{n} ca_k = c \sum_{k=1}^{n} a_k$

④ $\sum_{k=1}^{n} c = nc$　（c は k に無関係な定数）

POINT

③のように、k の値に依存しない定数部分は数列の外に出すと計算しやすくなります。

④のような定数項は、1から n まで足すと、単に c を n 回足すのと同じことになります。

例1 $1+\frac{1}{2}+\frac{1}{3}+\frac{1}{4}+\frac{1}{5}+\frac{1}{6}+\frac{1}{7}$

$=\sum_{k=1}^{7}\frac{1}{k}$

【2】①の活用

例2 $1\times2\times3+2\times3\times4+\cdots\cdots+n(n+1)(n+2)$

$=\sum_{k=1}^{n}k(k+1)(k+2)$

【2】②の活用

例3 $3^2+4^3+5^4+6^5+\cdots\cdots+13^{12}=\sum_{k=3}^{13}k^{k-1}$

例4 $\sum_{k=1}^{n}(k^2+2^k)=\sum_{k=1}^{n}k^2+\sum_{k=1}^{n}2^k$

【3】①の活用

例5 $\sum_{k=1}^{n}\left(k-\frac{1}{k}\right)=\sum_{k=1}^{n}k-\sum_{k=1}^{n}\frac{1}{k}$

【3】②の活用

例6 $\sum_{k=1}^{n}3k^3=3\sum_{k=1}^{n}k^3$

【3】③の活用

例7 $\sum_{k=1}^{n}12a=12na$

【3】④の活用

例8 $\sum_{k=1}^{n}(2k+1)(k-4)=\sum_{k=1}^{n}(2k^2-7k-4)$

【3】①～④の活用

$=2\sum_{k=1}^{n}k^2-7\sum_{k=1}^{n}k-4n$

1式の展開計算

7 等差数列

6【1】数列とは →

【1】等差数列

等差数列の一般型：

$$a,\ a+d,\ a+2d,\ \cdots\cdots,\ a+(n-1)d$$

a：初項　d：公差　n：項数

8 等比数列 ↔

POINT

等差数列とは、隣り合う二項の差（公差）が常に一定な数列です。

【2】等差数列の和

$$S_n = a+(a+d)+(a+2d)+\cdots+\{a+(n-1)d\}$$

$$= \frac{1}{2}n\{2a+(n-1)d\}$$

S_n：数列の和　a：初項　d：公差　n：項数

4【3】対数の性質 →

POINT

この公式は、次のように考えて理解します。

$$S_n = a + (a+d) + \cdots\cdots + \{a+(n-1)d\}$$

$$S_n = \{a+(n-1)d\}+\{a+(n-2)d\}+\cdots\cdots+ a$$

（順序を逆にしたもの）

この2式を加えると、

$$2S_n = \{2a+(n-1)d\}+\{2a+(n-1)d\}+\cdots\cdots+\{2a+(n-1)d\}$$

$$= n\{2a+(n-1)d\}$$

よって、

$$S_n = \frac{1}{2}n\{2a+(n-1)d\}$$

例1 初項３、公差２の等差数列は、

3, 5, 7, 9, 11, 13, 15, ……

【1】の活用

例2 初項 −40、公差25の等差数列は、

−40, −15, 10, 35, 60, 85, ……

例3 1+2+3+……+100 を求めなさい。

解 初項1、公差1、項数100の等差数列なので、

$$\frac{1}{2}\times 100\times\{2\times 1+(100-1)\times 1\} = 5{,}050$$

【2】の活用

参考 公式を忘れた場合も、下のような図を描くことにより簡単に計算できます。

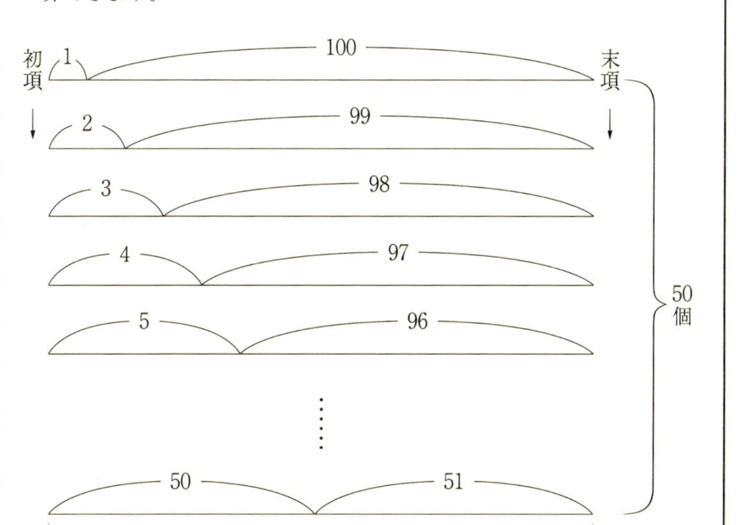

101の長さの数直線が50個できる → 101×50 = 5,050

8 等比数列

6【1】数列とは

【1】等比数列

7 等差数列

等比数列の一般型：

$$a,\ ar,\ ar^2,\ ar^3,\ \cdots\cdots,\ ar^{n-1}$$

a：初項　r：公比　n：項数

POINT

等比数列は、隣り合う二項の比（公比）が常に一定である数列です。

【2】等比数列の和

9【2】無限等比数列の和

$$S_n = a+ar+ar^2+ar^3+\cdots\cdots+ar^{n-1}$$

$$= \frac{a(1-r^n)}{1-r} \quad (r \neq 1 \text{ の場合})$$

ただし、$r=1$ の場合は、$S_n=na$

S_n：数列の和　a：初項　r：公比　n：項数

POINT

この公式の求め方は、次のとおり。

$$S_n = a+ar+ar^2+ar^3+\cdots\cdots+ar^{n-1} \quad \cdots\cdots①$$

$$rS_n = \quad ar+ar^2+ar^3+\cdots\cdots+ar^{n-1}+ar^n \quad \cdots\cdots②$$

①−②　$(1-r)S_n = a-ar^n = a(1-r^n)$

よって、$S_n = \dfrac{a(1-r^n)}{1-r}$

【1】の活用

例1 初項2、公比3の等比数列は、

2, 6, 18, 54, 162, ……

例2 初項 −4、公比5の等比数列は、

−4, −20, −100, −500, −2500, −12500, ……

【2】の活用

例3 $2+2^2+2^3+\cdots\cdots+2^{10}$ を求めなさい。

解 初項2、公比2、項数10の等比数列なので、

$$\frac{2\times(1-2^{10})}{1-2}=2{,}046$$

参考 公式を忘れた場合は、公式の証明の考え方に沿って計算すれば求められます。

$S=2+2^2+2^3+\cdots+2^{10}$ とおくと、

$2S=\quad 2^2+2^3+\cdots+2^{10}+2^{11}$

両辺それぞれ引き算すると、

$S=2^{11}-2=2{,}046$

例4 $(1+r)+(1+r)^2+(1+r)^3+\cdots\cdots+(1+r)^n$ を、r と n を用いた簡単な式で表しなさい。

解 初項 $1+r$、公比 $1+r$、項数 n の等比数列なので、

$$\frac{(1+r)\times\{1-(1+r)^n\}}{1-(1+r)}=\frac{(1+r)^{n+1}-(1+r)}{r}$$

32 年金の将来価値

例5 $\dfrac{1}{1+r}+\dfrac{1}{(1+r)^2}+\cdots\cdots+\dfrac{1}{(1+r)^n}$

を、r と n を用いた簡単な式で表しなさい。

解 初項 $\dfrac{1}{1+r}$、公比 $\dfrac{1}{1+r}$、項数 n の等比数列なので、

$$\frac{\dfrac{1}{1+r}\times\left\{1-\dfrac{1}{(1+r)^n}\right\}}{1-\dfrac{1}{1+r}}$$

$$=\frac{(1+r)^n-1}{r(1+r)^n}$$

34 年金の現在価値

9 無限数列・無限等比数列

【1】無限数列

6【1】数列とは

数列 a_1, a_2, a_3, ……, a_n で、n が限りなく大きくなる（項が限りなく続く）数列を無限数列という。

POINT

しばしば、$n \to \infty$ と表されます。∞ は、無限大を表す記号です。

【2】無限等比数列の和（無限等比級数）

初項 a、公比 r の無限等比数列の和は、

8【2】等比数列の和

$$S = a + ar + ar^2 + ar^3 + \cdots\cdots$$

$$= \frac{a}{1-r} \quad （ただし、-1<r<1）$$

POINT

S が一定の値に近づくためには、$-1<r<1$ である必要があります（無限級数が「収束する」といいます）。

この公式は、等比数列の和

$S_n = \dfrac{a(1-r^n)}{1-r}$ の値について、n が ∞ になった場合と考えれば理解できます（$-1<r<1$ なので、n が大きくなると r^n は 0 に近づいていきます）。

厳密に考えるには、極限に関する数学の知識を要します。

例1 次の無限等比数列の和を求めなさい。

$$4,\ 2,\ 1,\ \frac{1}{2},\ \frac{1}{4},\ \frac{1}{8},\ \cdots\cdots$$

解 $4+2+1+\frac{1}{2}+\frac{1}{4}+\frac{1}{8}+\cdots\cdots$

$$=\frac{4}{1-\frac{1}{2}}=8$$

←【2】の活用

例2 $\frac{1}{1+r}+\frac{1}{(1+r)^2}+\cdots\cdots+\frac{1}{(1+r)^n}+\cdots\cdots$

を、r と n を用いた簡単な式で表しなさい。

解 初項 $\frac{1}{1+r}$、公比 $\frac{1}{1+r}$ の無限等比数列なので、

$$\frac{\frac{1}{1+r}}{1-\frac{1}{1+r}}=\frac{1}{1+r-1}=\frac{1}{r}$$

←【2】の活用

→30【2】定額配当モデル

例3 $\frac{1}{1+r}+\frac{1+g}{(1+r)^2}+\cdots\cdots+\frac{(1+g)^{n-1}}{(1+r)^n}+\cdots\cdots$

を、r, g, n を用いた簡単な式で表しなさい。

解 初項 $\frac{1}{1+r}$、公比 $\frac{1+g}{1+r}$ の無限等比数列なので、

$$\frac{\frac{1}{1+r}}{1-\frac{1+g}{1+r}}=\frac{1}{(1+r)-(1+g)}$$

$$=\frac{1}{r-g}$$

→30【3】定率配当モデル

10 （付録） 常用対数表

5 常用対数 →

○ 常用対数表（1）　　小数点第２位の値

	0	1	2	3	4	5	6	7	8	9
1.0	0.0000	0.0043	0.0086	0.0128	0.0170	0.0212	0.0253	0.0294	0.0334	0.0374
1.1	0.0414	0.0453	0.0492	0.0531	0.0569	0.0607	0.0645	0.0682	0.0719	0.0755
1.2	0.0792	0.0828	0.0864	0.0899	0.0934	0.0969	0.1004	0.1038	0.1072	0.1106
1.3	0.1139	0.1173	0.1206	0.1239	0.1271	0.1303	0.1335	0.1367	0.1399	0.1430
1.4	0.1461	0.1492	0.1523	0.1553	0.1584	0.1614	0.1644	0.1673	0.1703	0.1732
1.5	0.1761	0.1790	0.1818	0.1847	0.1875	0.1903	0.1931	0.1959	0.1987	0.2014
1.6	0.2041	0.2068	0.2095	0.2122	0.2148	0.2175	0.2201	0.2227	0.2253	0.2279
1.7	0.2304	0.2330	0.2355	0.2380	0.2405	0.2430	0.2455	0.2480	0.2504	0.2529
1.8	0.2553	0.2577	0.2601	0.2625	0.2648	0.2672	0.2695	0.2718	0.2742	0.2765
1.9	0.2788	0.2810	0.2833	0.2856	0.2878	0.2900	0.2923	0.2945	0.2967	0.2989
2.0	0.3010	0.3032	0.3054	0.3075	0.3096	0.3118	0.3139	0.3160	0.3181	0.3201
2.1	0.3222	0.3243	0.3263	0.3284	0.3304	0.3324	0.3345	0.3365	0.3385	0.3404
2.2	0.3424	0.3444	0.3464	0.3483	0.3502	0.3522	0.3541	0.3560	0.3579	0.3598
2.3	0.3617	0.3636	0.3655	0.3674	0.3692	0.3711	0.3729	0.3747	0.3766	0.3784
2.4	0.3802	0.3820	0.3838	0.3856	0.3874	0.3892	0.3909	0.3927	0.3945	0.3962
2.5	0.3979	0.3997	0.4014	0.4031	0.4048	0.4065	0.4082	0.4099	0.4116	0.4133
2.6	0.4150	0.4166	0.4183	0.4200	0.4216	0.4232	0.4249	0.4265	0.4281	0.4298
2.7	0.4314	0.4330	0.4346	0.4362	0.4378	0.4393	0.4409	0.4425	0.4440	0.4456
2.8	0.4472	0.4487	0.4502	0.4518	0.4533	0.4548	0.4564	0.4579	0.4594	0.4609
2.9	0.4624	0.4639	0.4654	0.4669	0.4683	0.4698	0.4713	0.4728	0.4742	0.4757
3.0	0.4771	0.4786	0.4800	0.4814	0.4829	0.4843	0.4857	0.4871	0.4886	0.4900
3.1	0.4914	0.4928	0.4942	0.4955	0.4969	0.4983	0.4997	0.5011	0.5024	0.5038
3.2	0.5051	0.5065	0.5079	0.5092	0.5105	0.5119	0.5132	0.5145	0.5159	0.5172
3.3	0.5185	0.5198	0.5211	0.5224	0.5237	0.5250	0.5263	0.5276	0.5289	0.5302
3.4	0.5315	0.5328	0.5340	0.5353	0.5366	0.5378	0.5391	0.5403	0.5416	0.5428
3.5	0.5441	0.5453	0.5465	0.5478	0.5490	0.5502	0.5514	0.5527	0.5539	0.5551
3.6	0.5563	0.5575	0.5587	0.5599	0.5611	0.5623	0.5635	0.5647	0.5658	0.5670
3.7	0.5682	0.5694	0.5705	0.5717	0.5729	0.5740	0.5752	0.5763	0.5775	0.5786
3.8	0.5798	0.5809	0.5821	0.5832	0.5843	0.5855	0.5866	0.5877	0.5888	0.5899
3.9	0.5911	0.5922	0.5933	0.5944	0.5955	0.5966	0.5977	0.5988	0.5999	0.6010
4.0	0.6021	0.6031	0.6042	0.6053	0.6064	0.6075	0.6085	0.6096	0.6107	0.6117
4.1	0.6128	0.6138	0.6149	0.6160	0.6170	0.6180	0.6191	0.6201	0.6212	0.6222
4.2	0.6232	0.6243	0.6253	0.6263	0.6274	0.6284	0.6294	0.6304	0.6314	0.6325
4.3	0.6335	0.6345	0.6355	0.6365	0.6375	0.6385	0.6395	0.6405	0.6415	0.6425
4.4	0.6435	0.6444	0.6454	0.6464	0.6474	0.6484	0.6493	0.6503	0.6513	0.6522
4.5	0.6532	0.6542	0.6551	0.6561	0.6571	0.6580	0.6590	0.6599	0.6609	0.6618
4.6	0.6628	0.6637	0.6646	0.6656	0.6665	0.6675	0.6684	0.6693	0.6702	0.6712
4.7	0.6721	0.6730	0.6739	0.6749	0.6758	0.6767	0.6776	0.6785	0.6794	0.6803
4.8	0.6812	0.6821	0.6830	0.6839	0.6848	0.6857	0.6866	0.6875	0.6884	0.6893
4.9	0.6902	0.6911	0.6920	0.6928	0.6937	0.6946	0.6955	0.6964	0.6972	0.6981
5.0	0.6990	0.6998	0.7007	0.7016	0.7024	0.7033	0.7042	0.7050	0.7059	0.7067
5.1	0.7076	0.7084	0.7093	0.7101	0.7110	0.7118	0.7126	0.7135	0.7143	0.7152
5.2	0.7160	0.7168	0.7177	0.7185	0.7193	0.7202	0.7210	0.7218	0.7226	0.7235
5.3	0.7243	0.7251	0.7259	0.7267	0.7275	0.7284	0.7292	0.7300	0.7308	0.7316
5.4	0.7324	0.7332	0.7340	0.7348	0.7356	0.7364	0.7372	0.7380	0.7388	0.7396

○ 常用対数表 (2)　　　　小数点第2位の値

	0	1	2	3	4	5	6	7	8	9
5.5	0.7404	0.7412	0.7419	0.7427	0.7435	0.7443	0.7451	0.7459	0.7466	0.7474
5.6	0.7482	0.7490	0.7497	0.7505	0.7513	0.7520	0.7528	0.7536	0.7543	0.7551
5.7	0.7559	0.7566	0.7574	0.7582	0.7589	0.7597	0.7604	0.7612	0.7619	0.7627
5.8	0.7634	0.7642	0.7649	0.7657	0.7664	0.7672	0.7679	0.7686	0.7694	0.7701
5.9	0.7709	0.7716	0.7723	0.7731	0.7738	0.7745	0.7752	0.7760	0.7767	0.7774
6.0	0.7782	0.7789	0.7796	0.7803	0.7810	0.7818	0.7825	0.7832	0.7839	0.7846
6.1	0.7853	0.7860	0.7868	0.7875	0.7882	0.7889	0.7896	0.7903	0.7910	0.7917
6.2	0.7924	0.7931	0.7938	0.7945	0.7952	0.7959	0.7966	0.7973	0.7980	0.7987
6.3	0.7993	0.8000	0.8007	0.8014	0.8021	0.8028	0.8035	0.8041	0.8048	0.8055
6.4	0.8062	0.8069	0.8075	0.8082	0.8089	0.8096	0.8102	0.8109	0.8116	0.8122
6.5	0.8129	0.8136	0.8142	0.8149	0.8156	0.8162	0.8169	0.8176	0.8182	0.8189
6.6	0.8195	0.8202	0.8209	0.8215	0.8222	0.8228	0.8235	0.8241	0.8248	0.8254
6.7	0.8261	0.8267	0.8274	0.8280	0.8287	0.8293	0.8299	0.8306	0.8312	0.8319
6.8	0.8325	0.8331	0.8338	0.8344	0.8351	0.8357	0.8363	0.8370	0.8376	0.8382
6.9	0.8388	0.8395	0.8401	0.8407	0.8414	0.8420	0.8426	0.8432	0.8439	0.8445
7.0	0.8451	0.8457	0.8463	0.8470	0.8476	0.8482	0.8488	0.8494	0.8500	0.8506
7.1	0.8513	0.8519	0.8525	0.8531	0.8537	0.8543	0.8549	0.8555	0.8561	0.8567
7.2	0.8573	0.8579	0.8585	0.8591	0.8597	0.8603	0.8609	0.8615	0.8621	0.8627
7.3	0.8633	0.8639	0.8645	0.8651	0.8657	0.8663	0.8669	0.8675	0.8681	0.8686
7.4	0.8692	0.8698	0.8704	0.8710	0.8716	0.8722	0.8727	0.8733	0.8739	0.8745
7.5	0.8751	0.8756	0.8762	0.8768	0.8774	0.8779	0.8785	0.8791	0.8797	0.8802
7.6	0.8808	0.8814	0.8820	0.8825	0.8831	0.8837	0.8842	0.8848	0.8854	0.8859
7.7	0.8865	0.8871	0.8876	0.8882	0.8887	0.8893	0.8899	0.8904	0.8910	0.8915
7.8	0.8921	0.8927	0.8932	0.8938	0.8943	0.8949	0.8954	0.8960	0.8965	0.8971
7.9	0.8976	0.8982	0.8987	0.8993	0.8998	0.9004	0.9009	0.9015	0.9020	0.9025
8.0	0.9031	0.9036	0.9042	0.9047	0.9053	0.9058	0.9063	0.9069	0.9074	0.9079
8.1	0.9085	0.9090	0.9096	0.9101	0.9106	0.9112	0.9117	0.9122	0.9128	0.9133
8.2	0.9138	0.9143	0.9149	0.9154	0.9159	0.9165	0.9170	0.9175	0.9180	0.9186
8.3	0.9191	0.9196	0.9201	0.9206	0.9212	0.9217	0.9222	0.9227	0.9232	0.9238
8.4	0.9243	0.9248	0.9253	0.9258	0.9263	0.9269	0.9274	0.9279	0.9284	0.9289
8.5	0.9294	0.9299	0.9304	0.9309	0.9315	0.9320	0.9325	0.9330	0.9335	0.9340
8.6	0.9345	0.9350	0.9355	0.9360	0.9365	0.9370	0.9375	0.9380	0.9385	0.9390
8.7	0.9395	0.9400	0.9405	0.9410	0.9415	0.9420	0.9425	0.9430	0.9435	0.9440
8.8	0.9445	0.9450	0.9455	0.9460	0.9465	0.9469	0.9474	0.9479	0.9484	0.9489
8.9	0.9494	0.9499	0.9504	0.9509	0.9513	0.9518	0.9523	0.9528	0.9533	0.9538
9.0	0.9542	0.9547	0.9552	0.9557	0.9562	0.9566	0.9571	0.9576	0.9581	0.9586
9.1	0.9590	0.9595	0.9600	0.9605	0.9609	0.9614	0.9619	0.9624	0.9628	0.9633
9.2	0.9638	0.9643	0.9647	0.9652	0.9657	0.9661	0.9666	0.9671	0.9675	0.9680
9.3	0.9685	0.9689	0.9694	0.9699	0.9703	0.9708	0.9713	0.9717	0.9722	0.9727
9.4	0.9731	0.9736	0.9741	0.9745	0.9750	0.9754	0.9759	0.9763	0.9768	0.9773
9.5	0.9777	0.9782	0.9786	0.9791	0.9795	0.9800	0.9805	0.9809	0.9814	0.9818
9.6	0.9823	0.9827	0.9832	0.9836	0.9841	0.9845	0.9850	0.9854	0.9859	0.9863
9.7	0.9868	0.9872	0.9877	0.9881	0.9886	0.9890	0.9894	0.9899	0.9903	0.9908
9.8	0.9912	0.9917	0.9921	0.9926	0.9930	0.9934	0.9939	0.9943	0.9948	0.9952
9.9	0.9956	0.9961	0.9965	0.9969	0.9974	0.9978	0.9983	0.9987	0.9991	0.9996

第2章

確率・統計の基礎

11 単純平均と加重平均

12【1】算術平均 ↔

【1】単純平均

6【2】Σの使い方 →

a_1, a_2, a_3, ……, a_n の単純平均は、

$$\frac{a_1+a_2+a_3+\cdots\cdots+a_n}{n}=\frac{1}{n}\sum_{k=1}^{n}a_k$$

POINT

普通の平均値を求める式と同じで、加重平均などと区別するために単純平均と呼ぶことがあります。

【2】加重平均

a_1, a_2, a_3, ……, a_n を w_1, w_2, w_3, ……, w_n でウエイト付けした加重平均は、

$$\frac{w_1a_1+w_2a_2+w_3a_3+\cdots\cdots+w_na_n}{w_1+w_2+w_3+\cdots\cdots+w_n}=\frac{\sum_{k=1}^{n}w_ka_k}{\sum_{k=1}^{n}w_k}$$

POINT

加重平均は、平均値を計算するとき、各項の数値にその重要度（割合）に比例した係数を掛け、各項に重み（ウエイト）をつけてから平均するもので、ウエイトの大きい値の影響をより強く受ける平均値です。ウエイトの合計 $w_1+w_2+w_3+\cdots\cdots+w_n$ が 1 の場合は、この式の分母は不要です。

例1 次の表の3銘柄の単純平均株価を求めなさい。

	株価	株数
銘 柄 A	3,000円	5万株
銘 柄 B	2,000円	2万株
銘 柄 C	1,000円	1万株

【1】の活用

解 単純平均 $= \dfrac{3{,}000+2{,}000+1{,}000}{3} = 2{,}000$円

例2 上の表の3銘柄の株数による加重平均株価を求めなさい。

【2】の活用

解 加重平均 $= \dfrac{3{,}000\times5+2{,}000\times2+1{,}000\times1}{5+2+1} = 2{,}500$円

参考 加重平均は、株数の大きい銘柄Aの影響を大きく受けるため、単純平均より大きい値となっています。加重平均の分母は株数合計、分子は株価×株数＝時価総額合計となります。

以下のように、銘柄ごとの比率を先に求める方法でも同じように計算できます。

銘柄A、B、Cの株数比率はそれぞれ0.625、0.250、0.125だから、

加重平均 $= 3{,}000\times0.625+2{,}000\times0.250+1{,}000\times0.125$

$= 2{,}500$

〈Excel関数を用いると…〉

Excelを使って加重平均を求めるときは、SUMPRODUCT関数が便利です。下の図のSUMPRODUCT（B2：B4, C2：C4）で、株価×株数の総和（加重平均の分子）を計算できます。

セルB6の式：

＝SUMPRODUCT（B2：B4, C2：C4）/SUM(C2：C4)

	A	B	C
1		株価	株数
2	A	3000	5
3	B	2000	2
4	C	1000	1
5			
6	加重平均	2500	

12 算術平均と幾何平均

【1】算術平均

11【1】単純平均

a_1, a_2, a_3, ……, a_n の算術平均は、

$$\frac{a_1 + a_2 + a_3 + \cdots\cdots + a_n}{n} = \frac{1}{n}\sum_{k=1}^{n} a_k$$

POINT

普通の平均値を求める式と同じで、幾何平均と区別するために算術平均と呼ぶことがあります。

【2】幾何平均

3【3】累乗根

a_1, a_2, a_3, ……, a_n の幾何平均は、

$$\sqrt[n]{a_1 \times a_2 \times a_3 \times \cdots\cdots \times a_n}$$

POINT

幾何平均は、n 個の正の数について、これらの全部の積の n 乗根のことをいい、変化率などを平均する場合によく用いられます。

〈算術平均と幾何平均の比較〉

算術平均と幾何平均の間には、算術平均≧幾何平均の関係が成り立つことが知られています。また、データ間のばらつきが大きいほど幾何平均が算術平均を下回る度合いは大きくなります。

例1 ある銘柄の株価が、1年目に1.2倍、2年目に5.5倍、3年目に3.8倍になったとする。1年当り平均して何倍になったと考えられるか。算術平均を用いて求めなさい。

解 算術平均 $= \dfrac{1.2+5.5+3.8}{3} = 3.5$ 倍

←【1】の活用

例2 (例1)の平均値を、幾何平均を用いて求めなさい。

解 幾何平均 $= \sqrt[3]{1.2\times5.5\times3.8} = 2.93$ 倍

←【2】の活用

参考 3年間で株価は、$1.2\times5.5\times3.8=25.08$ 倍になっています。3年間とも株価が2.93倍になったと仮定すると、3年間では $2.93^3=25.08$ 倍になる計算になり、実際の値と一致します。

例3 データ間のばらつきと幾何平均の関係(二つのデータの算術平均が10の場合)

データ1	データ2	算術平均	幾何平均
0	20	10	0.00
1	19	10	4.36
2	18	10	6.00
3	17	10	7.14
4	16	10	8.00
5	15	10	8.66
6	14	10	9.17
7	13	10	9.54
8	12	10	9.80
9	11	10	9.95
10	10	10	10.00

〈Excel関数を用いると…〉

算術平均を求める関数はAVERAGEですが、SUM関数で合計を出してデータ数で割る方法でも求められます。また、幾何平均を求める関数はGEOMEANですが、PRODUCT関数でデータの積を求めてデータ数の累乗根を求める方法でもかまいません。

	A	B
1	1年目	1.2
2	2年目	5.5
3	3年目	3.8
4		
5	算術平均	3.5
6	幾何平均	2.92713337

セルB5の式:
= AVERAGE(A1:A3)
または = SUM(A1:A3)/3
セルB6の式:
= GEOMEAN(A1:A3)
または
= PRODUCT(A1:A3)^(1/3)

13 確率変数の平均値

【1】確率と確率変数

変数 X が、$x_1, x_2, \cdots\cdots, x_n$ のいずれかの値をとるとする。x_i である確率が p_i であると定まっているとき、このような変数 X を確率変数という。

POINT

より厳密にいえば、上の定義はデータが離散的な場合であり、これを離散的確率変数といいます。これに対して、身長のデータのように連続的な場合の確率変数を連続的確率変数といいます。

本書では、話を簡単にするために離散的確率変数のみの計算例を取り上げます。

【2】確率変数の平均値

$$E(X) = \sum_{i=1}^{n} x_i p_i = x_1p_1 + x_2p_2 + x_3p_3 + \cdots\cdots + x_np_n$$

$E(X)$：確率変数 X の平均値

p_i：確率変数 X が x_i の値をとる確率

（ただし、$p_1 + p_2 + p_3 + \cdots\cdots + p_n = 1$）

11【2】加重平均 →

POINT

確率変数の平均は、各値を確率で加重平均した値となります。

記号は $E(X)$ がよく用いられますが、ほかにも μ（ギリシア語の小文字で「ミュー」と読みます）や $\overline{X}$ が用いられることもあります。

【3】確率変数の平均値の性質

① $E(aX+b) = aE(X)+b$
② $E(aX+bY) = aE(X)+bE(Y)$
③ $E(XY) = E(X)E(Y)$（ただし、X と Y は互いに独立とする）

〈期待値とは〉
確率変数の平均値は、しばしば期待値とも呼ばれます。X の表す値が金額の場合は「期待金額」のように使われます。

例1 さいころを1回振ったときに出る目の平均値（期待値）を求めなさい。

【2】の活用

解 1〜6の各目が出る確率はいずれも $\frac{1}{6}$ なので、

$$1\times\frac{1}{6}+2\times\frac{1}{6}+3\times\frac{1}{6}+4\times\frac{1}{6}+5\times\frac{1}{6}+6\times\frac{1}{6}$$
$$=3.5$$

例2 100円硬貨を2枚投げ、表が出た枚数だけ硬貨を受け取れるとき、受け取れる金額の平均金額（期待金額）を求めなさい。

解 受け取れる金額とその確率は、以下のとおり。

金額	確率
0	0.25
100	0.5
200	0.25

よって、平均金額 ＝ $0\times0.25+100\times0.5+200\times0.25=100$ 円

14 分散と標準偏差

15【1】確率変数の分散

16【1】共分散

【1】分散

$$\sigma^2 = \frac{1}{n}\sum_{i=1}^{n}(x_i - \bar{x})^2$$
$$= \frac{1}{n}\sum_{i=1}^{n}x_i^2 - \bar{x}^2$$

σ^2：分散　n：データの個数　x_i：i 番目のデータ
$\bar{x}$：データの平均

POINT

分散は、データのばらつき（散らばり）を示す指標で、平均値と各データの差（偏差）を 2 乗し、それを算術平均したもので、各データと平均値との差が大きい（離れている）ほど分散は大きくなります。

σ はギリシア文字の小文字で、シグマと読みます。

2 番目の式は、最初の式を変形したもので、詳細は以下のとおりです。手計算する場合は、簡便な 2 番目の式がよく使われます。

6【2】Σの使い方

$$\sigma^2 = \frac{1}{n}\Sigma(x_i^2 - 2x_i\bar{x} + \bar{x}^2)$$
$$= \frac{1}{n}\Sigma x_i^2 - 2\bar{x}\frac{1}{n}\Sigma x_i + \frac{1}{n}\times n\bar{x}^2$$
$$= \frac{1}{n}\Sigma x_i^2 - 2\bar{x}^2 + \bar{x}^2 \quad \left(\bar{x} = \frac{1}{n}\Sigma x_i \text{ より}\right)$$
$$= \frac{1}{n}\Sigma x_i^2 - \bar{x}^2$$

15【2】確率変数の標準偏差

【2】標準偏差

$$\sigma = \sqrt{\text{分散}} = \sqrt{\frac{1}{n}\sum_{i=1}^{n}(x_i - \bar{x})^2}$$

POINT

3【3】累乗根

標準偏差は、分散と同様にデータのばらつき（散らばり）を示す指標で、分散の正の平方根です。データと単位がそろっているため、分散よりも広く用いられます。

例1 次の3組のデータの分散をそれぞれ求めなさい。

(A)　2　4　6　8　10

(B)　4　5　6　7　8

(C)　104　105　106　107　108

解 (A)のデータの平均値$=\dfrac{2+4+6+8+10}{5}=6$

(A)のデータの分散

$$=\frac{(2-6)^2+(4-6)^2+(6-6)^2+(8-6)^2+(10-6)^2}{5}=8$$

同様にして、(B)、(C)のデータの分散はともに2

【1】の活用

参考 (A)と(B)は、平均値が同じでもばらつき方が異なること、(B)と(C)は平均値が異なるがばらつき方が同じであることがわかります。

(A)の分散を例にとると、以下のように計算するほうが簡単です。

(A)のデータの分散

$$=\frac{2^2+4^2+6^2+8^2+10^2}{5}-6^2=8$$

例2 (例1)の3組のデータの標準偏差をそれぞれ求めなさい。

解 標準偏差は分散の正の平方根だから、

(A) $\sqrt{8}=2.83$　(B) (C) $\sqrt{2}=1.41$

【2】の活用

〈Excel関数を用いると…〉

Excelには、分散を求める関数VAR.Pおよび標準偏差を求める関数STDEV.Pがあります。

これと似た関数としてVAR.SおよびSTDEV.Sがありますが、これらはデータを母集団の標本（サンプル）とみなして母集団（標本を抽出した母体）に対する分散または標準偏差を求める関数です（nで割るかわりに$n-1$で割った式になっています）。

	A	B
1	データ1	2
2	データ2	4
3	データ3	6
4	データ4	8
5	データ5	10
6		
7	分　散	8
8	標準偏差	2.82842712

セルB7の式：=VAR.P(B1：B5)

セルB8の式：=STDEV.P(B1：B5)

15 確率変数の分散と標準偏差

【1】確率変数の分散

14 【1】分散

$$Var(X) = \sum (x_i - E(X))^2 p_i$$
$$= \sum x_i^2 p_i - E(X)^2$$
$$= E(X^2) - E(X)^2$$

$Var(X)$：確率変数 X の分散

$E(X)$：確率変数 X の平均

p_i：確率変数 X が x_i の値をとる確率

$\sum_{i=1}^{n}$ の省略で $\sum$ と表す。

POINT

確率変数の分散は、平均との差の2乗を確率で加重平均したもので、データの分散の場合と同様に2番目の簡単な式に変形することができます。

【2】確率変数の標準偏差

14 【2】標準偏差

$$\sigma = \sqrt{分散} = \sqrt{\sum (x_i - E(X))^2 p_i}$$

POINT

データの標準偏差と同様に、分散の正の平方根です。

【3】確率変数の分散の性質

17 【2】二つの確率変数の分散と共分散

① $Var(aX+b) = a^2 Var(X)$

② $Var(aX+bY) = a^2 Var(X) + b^2 Var(Y)$

（ただし、X と Y は互いに独立とする）

POINT

①は、以下のように証明できます（②は省略）。

$$Var(aX+b) = E\{(aX+b)^2\} - \{E(aX+b)^2\}$$
$$= E(a^2X^2 + 2abX + b^2) - \{aE(X) + b\}^2$$
$$= a^2E(X^2) + 2abE(X) + b^2 - a^2\{E(X)^2\} - 2abE(X) - b^2$$
$$= a^2[E(X^2) - \{E(X)^2\}]$$
$$= a^2 Var(X)$$

例1 2個のさいころを投げたときに出る目の和の分散を求めなさい。

解 発生確率は以下のとおり。

さいころの目の和	確率
2	$\frac{1}{36}$
3	$\frac{2}{36}$
4	$\frac{3}{36}$
5	$\frac{4}{36}$
6	$\frac{5}{36}$
7	$\frac{6}{36}$
8	$\frac{5}{36}$
9	$\frac{4}{36}$
10	$\frac{3}{36}$
11	$\frac{2}{36}$
12	$\frac{1}{36}$

和の平均値は、$2\times\frac{1}{36}+3\times\frac{2}{36}+\cdots\cdots+12\times\frac{1}{36}=7$

分散は、$(2-7)^2\times\frac{1}{36}+(3-7)^2\times\frac{2}{36}+\cdots\cdots+(12-7)^2\times\frac{1}{36}=5.83$

参考 以下の計算式のほうが速くなります。

$$2^2\times\frac{1}{36}+3^2\times\frac{2}{36}+\cdots\cdots+12^2\times\frac{1}{36}-7^2=5.83$$

例2 (例1)のときの標準偏差を求めなさい。

解 $\sigma=\sqrt{\text{分散}}=\sqrt{5.83}=2.42$

【1】の活用

【2】の活用

16 共分散と相関係数

【1】共分散

$$Cov\,(x,\ y)=\frac{1}{n}\sum_{i=1}^{n}(x_i-\bar{x})(y_i-\bar{y})$$
$$=\frac{1}{n}\{(x_1-\bar{x})(y_1-\bar{y})+\cdots\cdots+(x_n-\bar{x})(y_n-\bar{y})\}$$
$$=\frac{1}{n}\sum_{i=1}^{n}x_iy_i-\bar{x}\bar{y}$$
$$=\frac{x_1y_1+x_2y_2+\cdots\cdots+x_ny_n}{n}-\bar{x}\bar{y}$$

$Cov\,(x,\ y)$：x と y の共分散　　n：データの個数
x_i：i 番目の x のデータ　　y_i：i 番目の y のデータ
$\bar{x}$：x の平均　　$\bar{y}$：y の平均

14【1】分散 ↔

17【1】確率変数の共分散 ↔

POINT

共分数は、各データの平均との差（偏差）を掛け合わせたものの和をとり、データ数で割ったものです。

この式の特徴は、x と y がともに平均より大きいか、またはともに平均より小さいときに共分散は大きくなり、逆に一方が大きいときに他方が小さくなる関係にあるときに共分散は小さくなるという点にあります。すなわち、共分散は2種類のデータの相関関係を表しています。

3番目の式は、分散の式と同じように計算が簡単にできるように変形したものです。

【2】相関係数

$$\rho_{xy}=\frac{x\ と\ y\ の共分散}{x\ の標準偏差\times y\ の標準偏差}$$
$$=\frac{\frac{1}{n}\sum_{i=1}^{n}(x_i-\bar{x})(y_i-\bar{y})}{\sqrt{\frac{1}{n}\sum_{i=1}^{n}(x_i-\bar{x})^2}\times\sqrt{\frac{1}{n}\sum_{i=1}^{n}(y_i-\bar{y})^2}}$$

ρ_{xy}：x と y の相関係数　　n：データの個数
x_i：i 番目の x のデータ　　y_i：i 番目の y のデータ
$\bar{x}$：x の平均　　$\bar{y}$：y の平均

17【3】確率変数の相関係数 ↔

14【2】標準偏差 →

POINT

相関関係を標準化するために共分散を両方の標準偏差で割ったものが相関係数で、必ず -1 から 1 の間の値になります。

ρ はギリシア文字の小文字で「ロー」と読みます。

例1 次の5名の生徒による試験の点数（10点満点）のデータについて、英語の点数と数学の点数の共分散を求めなさい。

生徒	1	2	3	4	5
英語	6	9	4	2	4
数学	8	9	3	4	6

解 英語の平均点 ＝ 5 点　数学の平均点 ＝ 6 点

英語と数学の点数の共分散

$$= \frac{(6-5)(8-6)+\cdots\cdots+(4-5)(6-6)}{5} = 4.6$$

【1】の活用

参考 以下のように計算するほうが速い。

$$共分散 = \frac{6\times8+9\times9+\cdots\cdots+4\times6}{5} - 5\times6 = 4.6$$

例2 （例1）のとき、英語の点数と数学の点数の相関係数を求めなさい。

【2】の活用

解 英語の点数の標準偏差

$$= \sqrt{\frac{(6-5)^2+\cdots\cdots+(4-5)^2}{5}} = 2.37$$

数学の点数の標準偏差

$$= \sqrt{\frac{(8-6)^2+\cdots\cdots+(6-6)^2}{5}} = 2.28$$

よって、x と y の相関係数は、

$$\frac{4.6}{2.3664\times2.2804} = 0.85$$

〈Excel 関数を用いると…〉

Excel で共分散、相関係数を求めるには、COVARIANCE. P 関数、CORREL 関数を、それぞれ用います。

	A	B	C
1	生徒	英語の点数	数学の点数
2	1	6	8
3	2	9	9
4	3	4	3
5	4	2	4
6	5	4	6
7			
8	共分散	4.6	
9	相関係数	0.85243671	

セル B8 の式：
＝COVARIANCE. P（B2：B6, C2：C6）

セル B9 の式：
＝CORREL（B2：B6, C2：C6）

17 確率変数の共分散と相関係数

16【1】共分散

【1】確率変数（予想値）の共分散

$$Cov(X, Y) = \sum(x_i - E(X))(y_i - E(Y))p_i$$
$$= \sum x_i y_i p_i - E(X)E(Y)$$
$$= E(XY) - E(X)E(Y)$$

$Cov(X, Y)$：確率変数 X と Y の共分散

$E(X)$：確率変数 X の平均　$E(Y)$：確率変数 Y の平均

p_i：確率変数 X が x_i の値を、確率変数 Y が y_i の値をとる確率

POINT

確率変数の共分散は、「X の平均との差（偏差）」×「Y の平均との差（偏差）」を確率で加重平均したものです。

15【3】確率変数の分散の性質

【2】二つの確率変数の分散と共分散の関係

$$Var(aX + bY) = a^2 Var(X) + b^2 Var(Y) + 2ab\,Cov(X, Y)$$

Var：分散　a, b：定数　$Cov(X, Y)$：X と Y の共分散

POINT

確率変数が互いに独立な動きをする場合（**15**【3】②）と異なり、確率変数の間でなんらかの相関関係がある場合は、この式のように共分散が関係します。

16【2】相関係数

【3】確率変数の相関係数

$$\rho_{XY} = \frac{Cov(X, Y)}{\sigma_X \sigma_Y}$$

ρ_{XY}：X と Y の相関係数　$Cov(X, Y)$：X と Y の共分散

σ_X：X の標準偏差　σ_Y：Y の標準偏差

POINT

共分散を両方の標準偏差で割って標準化したもので、必ず -1 から 1 までの値をとります。

例 1 A・B2銘柄の1年後の株価が次のように予想されているとき、株価の共分散を求めなさい。

	Aの株価	Bの株価	確　率
ケース1（A・Bとも上昇）	5,000	4,000	0.4
ケース2（A・Bとも下落）	3,000	2,000	0.4
ケース3（Aのみ上昇）	5,000	2,000	0.1
ケース4（Bのみ上昇）	3,000	4,000	0.1

【1】の活用

解 Aの株価の平均値（期待値）

$= 5,000 \times 0.4 + 3,000 \times 0.4 + 5,000 \times 0.1 + 3,000 \times 0.1$

$= 4,000$円

Bの株価の平均値（期待値）

$= 4,000 \times 0.4 + 2,000 \times 0.4 + 2,000 \times 0.1 + 4,000 \times 0.1$

$= 3,000$円

AとBの株価の共分散

$= 5,000 \times 4,000 \times 0.4 + 3,000 \times 2,000 \times 0.4$

$+ 5,000 \times 2,000 \times 0.1 + 3,000 \times 4,000 \times 0.1 - 4,000 \times 3,000$

$= 600,000$

例 2 （例1）のとき、株価の相関係数を求めなさい。

【3】の活用

解 Aの株価の分散

$= 5,000^2 \times 0.4 + 3,000^2 \times 0.4 + 5,000^2 \times 0.1 + 3,000^2 \times 0.1$

$- 4,000^2 = 1,000,000$

よって、標準偏差は $\sqrt{1,000,000} = 1,000$ 円

Bの株価の分散

$= 4,000^2 \times 0.4 + 2,000^2 \times 0.4 + 2,000^2 \times 0.1 + 4,000^2 \times 0.1$

$- 3,000^2 = 1,000,000$

よって、標準偏差は $\sqrt{1,000,000} = 1,000$ 円

したがって相関係数は、$\dfrac{600,000}{1,000 \times 1,000} = 0.6$

参考 二つの変数の間に、一方が増加（減少）すると他方も増加（減少）する傾向があるとき、「これらの変数には正の相関がある」といいます。

逆に、一方が増加（減少）すると他方が減少（増加）する傾向があるとき、「これらの変数には負の相関がある」といいます。AとBの株価の動きには、一見して正の相関がありますが、相関係数を求めることでそれが裏付けられたことになります。

18 正規分布

【1】正規分布

連続的な確率変数 X が正規分布（下の図のような釣り鐘型）に従うとき、変数 X の値が $a<X<b$ に入る確率は、網掛け部分の面積で表せる（全体の面積=1）。

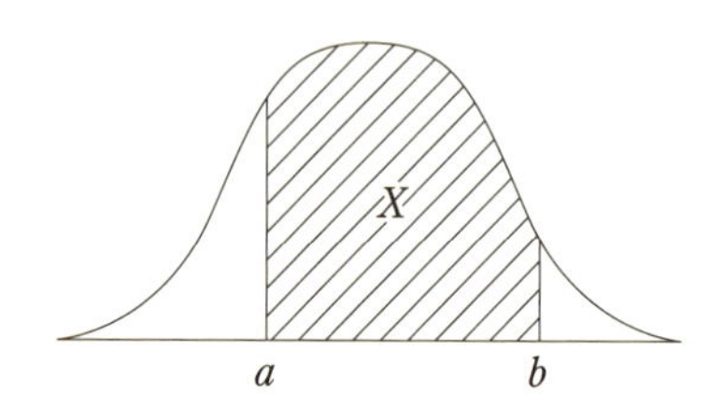

【2】標準正規分布

13【2】確率変数の平均値 →

確率変数 X が、平均 m、標準偏差 σ の正規分布に従うとき、確率変数 $Z=\frac{X-m}{\sigma}$ は、平均0、標準偏差1の正規分布（標準正規分布）に従う。

POINT

15【2】確率変数の標準偏差 →

平均 m、標準偏差σの正規分布を左に m だけ平行移動し、横方向にσ分の1に縮小すると、平均0、標準偏差1の正規分布となり、X の値は、$Z=\frac{X-m}{\sigma}$ に対応します。

標準正規分布表を見れば、標準正規分布において変数の値が $\frac{X-m}{\sigma}$ 以上になる確率がわかります。これは、もとの分布において変数の値が X 以上になる確率と同じことを意味します。

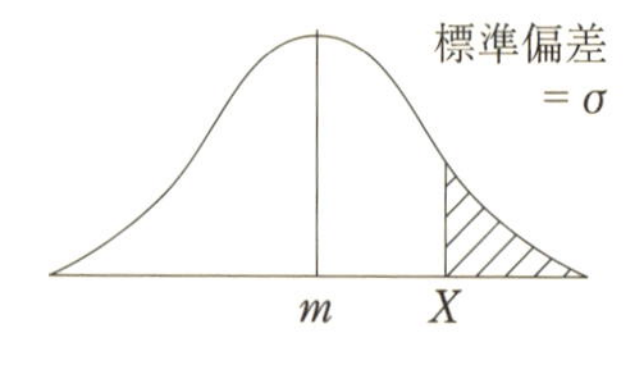

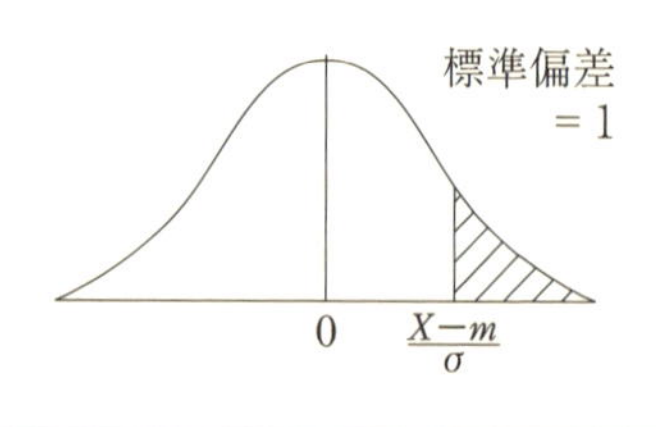

例1 ある確率変数 X が平均 0 、標準偏差 1 の正規分布に従っているとき、標準正規分布表を用いて次の確率をそれぞれ求めなさい。

19 標準正規分布表

(1) $X>1$　(2) $X<-2$　(3) $X<0.5$　(4) $1<X<2$

(5) $-0.5<X<1.5$

解 標準正規分布表をみれば、$K(x)$：X が x 以上の値をとる確率がわかる。

【1】の活用

(1) $K(1)=0.1587$

(2) 正規分布は左右対称なので、$X>2$ となる確率に等しい。

$K(2)=0.0228$

(3) $1-K(0.5)=1-0.3085=0.6915$

(4) $K(1)-K(2)=0.1587-0.0228=0.1359$

(5) $1-K(0.5)-K(1.5)=1-0.3085-0.0668=0.6247$

例2 ある確率変数 X が平均 3 、標準偏差 2 の正規分布に従っているとき、標準正規分布表を用いて次の確率をそれぞれ求めなさい。

(1) $X>5$　(2) $X>1$

解

【2】の活用

(1) 平均 3 、標準偏差 2 の正規分布で 5 以上の値をとる確率は、平均0、標準偏差1の正規分布で $\frac{5-3}{2}=1$ 以上の値をとる確率に等しい。

よって、$K(1)=0.1587$

(2) 平均 3 、標準偏差 2 の正規分布で 1 以上の値をとる確率は、平均 0 、標準偏差 1 の正規分布で $\frac{1-3}{2}=-1$ 以上の値をとる確率に等しい。

よって、$K(-1)=1-K(1)=0.8413$

19 （付録） 標準正規分布表

18
正規分布 →

○ 標準正規分布表（1）

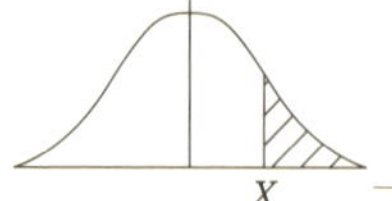

→ 小数点第２位の値

	0	1	2	3	4	5	6	7	8	9
0.0	0.5000	0.4960	0.4920	0.4880	0.4840	0.4801	0.4761	0.4721	0.4681	0.4641
0.1	0.4602	0.4562	0.4522	0.4483	0.4443	0.4404	0.4364	0.4325	0.4286	0.4247
0.2	0.4207	0.4168	0.4129	0.4090	0.4052	0.4013	0.3974	0.3936	0.3897	0.3859
0.3	0.3821	0.3783	0.3745	0.3707	0.3669	0.3632	0.3594	0.3557	0.3520	0.3483
0.4	0.3446	0.3409	0.3372	0.3336	0.3300	0.3264	0.3228	0.3192	0.3156	0.3121
0.5	0.3085	0.3050	0.3015	0.2981	0.2946	0.2912	0.2877	0.2843	0.2810	0.2776
0.6	0.2743	0.2709	0.2676	0.2643	0.2611	0.2578	0.2546	0.2514	0.2483	0.2451
0.7	0.2420	0.2389	0.2358	0.2327	0.2296	0.2266	0.2236	0.2206	0.2177	0.2148
0.8	0.2119	0.2090	0.2061	0.2033	0.2005	0.1977	0.1949	0.1922	0.1894	0.1867
0.9	0.1841	0.1814	0.1788	0.1762	0.1736	0.1711	0.1685	0.1660	0.1635	0.1611
1.0	0.1587	0.1562	0.1539	0.1515	0.1492	0.1469	0.1446	0.1423	0.1401	0.1379
1.1	0.1357	0.1335	0.1314	0.1292	0.1271	0.1251	0.1230	0.1210	0.1190	0.1170
1.2	0.1151	0.1131	0.1112	0.1093	0.1075	0.1056	0.1038	0.1020	0.1003	0.0985
1.3	0.0968	0.0951	0.0934	0.0918	0.0901	0.0885	0.0869	0.0853	0.0838	0.0823
1.4	0.0808	0.0793	0.0778	0.0764	0.0749	0.0735	0.0721	0.0708	0.0694	0.0681
1.5	0.0668	0.0655	0.0643	0.0630	0.0618	0.0606	0.0594	0.0582	0.0571	0.0559
1.6	0.0548	0.0537	0.0526	0.0516	0.0505	0.0495	0.0485	0.0475	0.0465	0.0455
1.7	0.0446	0.0436	0.0427	0.0418	0.0409	0.0401	0.0392	0.0384	0.0375	0.0367
1.8	0.0359	0.0351	0.0344	0.0336	0.0329	0.0322	0.0314	0.0307	0.0301	0.0294
1.9	0.0287	0.0281	0.0274	0.0268	0.0262	0.0256	0.0250	0.0244	0.0239	0.0233
2.0	0.0228	0.0222	0.0217	0.0212	0.0207	0.0202	0.0197	0.0192	0.0188	0.0183
2.1	0.0179	0.0174	0.0170	0.0166	0.0162	0.0158	0.0154	0.0150	0.0146	0.0143
2.2	0.0139	0.0136	0.0132	0.0129	0.0125	0.0122	0.0119	0.0116	0.0113	0.0110
2.3	0.0107	0.0104	0.0102	0.0099	0.0096	0.0094	0.0091	0.0089	0.0087	0.0084
2.4	0.0082	0.0080	0.0078	0.0075	0.0073	0.0071	0.0069	0.0068	0.0066	0.0064
2.5	0.0062	0.0060	0.0059	0.0057	0.0055	0.0054	0.0052	0.0051	0.0049	0.0048
2.6	0.0047	0.0045	0.0044	0.0043	0.0041	0.0040	0.0039	0.0038	0.0037	0.0036
2.7	0.0035	0.0034	0.0033	0.0032	0.0031	0.0030	0.0029	0.0028	0.0027	0.0026
2.8	0.0026	0.0025	0.0024	0.0023	0.0023	0.0022	0.0021	0.0021	0.0020	0.0019
2.9	0.0019	0.0018	0.0018	0.0017	0.0016	0.0016	0.0015	0.0015	0.0014	0.0014
3.0	0.0013	0.0013	0.0013	0.0012	0.0012	0.0011	0.0011	0.0011	0.0010	0.0010
3.1	0.0010	0.0009	0.0009	0.0009	0.0008	0.0008	0.0008	0.0008	0.0007	0.0007
3.2	0.0007	0.0007	0.0006	0.0006	0.0006	0.0006	0.0006	0.0005	0.0005	0.0005
3.3	0.0005	0.0005	0.0005	0.0004	0.0004	0.0004	0.0004	0.0004	0.0004	0.0003
3.4	0.0003	0.0003	0.0003	0.0003	0.0003	0.0003	0.0003	0.0003	0.0003	0.0002
3.5	0.0002	0.0002	0.0002	0.0002	0.0002	0.0002	0.0002	0.0002	0.0002	0.0002

○ 標準正規分布表 (2)

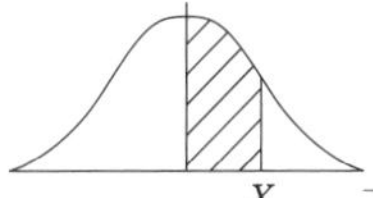

→ 小数点第 2 位の値

	0	1	2	3	4	5	6	7	8	9
0.0	0.0000	0.0040	0.0080	0.0120	0.0160	0.0199	0.0239	0.0279	0.0319	0.0359
0.1	0.0398	0.0438	0.0478	0.0517	0.0557	0.0596	0.0636	0.0675	0.0714	0.0753
0.2	0.0793	0.0832	0.0871	0.0910	0.0948	0.0987	0.1026	0.1064	0.1103	0.1141
0.3	0.1179	0.1217	0.1255	0.1293	0.1331	0.1368	0.1406	0.1443	0.1480	0.1517
0.4	0.1554	0.1591	0.1628	0.1664	0.1700	0.1736	0.1772	0.1808	0.1844	0.1879
0.5	0.1915	0.1950	0.1985	0.2019	0.2054	0.2088	0.2123	0.2157	0.2190	0.2224
0.6	0.2257	0.2291	0.2324	0.2357	0.2389	0.2422	0.2454	0.2486	0.2517	0.2549
0.7	0.2580	0.2611	0.2642	0.2673	0.2704	0.2734	0.2764	0.2794	0.2823	0.2852
0.8	0.2881	0.2910	0.2939	0.2967	0.2995	0.3023	0.3051	0.3078	0.3106	0.3133
0.9	0.3159	0.3186	0.3212	0.3238	0.3264	0.3289	0.3315	0.3340	0.3365	0.3389
1.0	0.3413	0.3438	0.3461	0.3485	0.3508	0.3531	0.3554	0.3577	0.3599	0.3621
1.1	0.3643	0.3665	0.3686	0.3708	0.3729	0.3749	0.3770	0.3790	0.3810	0.3830
1.2	0.3849	0.3869	0.3888	0.3907	0.3925	0.3944	0.3962	0.3980	0.3997	0.4015
1.3	0.4032	0.4049	0.4066	0.4082	0.4099	0.4115	0.4131	0.4147	0.4162	0.4177
1.4	0.4192	0.4207	0.4222	0.4236	0.4251	0.4265	0.4279	0.4292	0.4306	0.4319
1.5	0.4332	0.4345	0.4357	0.4370	0.4382	0.4394	0.4406	0.4418	0.4429	0.4441
1.6	0.4452	0.4463	0.4474	0.4484	0.4495	0.4505	0.4515	0.4525	0.4535	0.4545
1.7	0.4554	0.4564	0.4573	0.4582	0.4591	0.4599	0.4608	0.4616	0.4625	0.4633
1.8	0.4641	0.4649	0.4656	0.4664	0.4671	0.4678	0.4686	0.4693	0.4699	0.4706
1.9	0.4713	0.4719	0.4726	0.4732	0.4738	0.4744	0.4750	0.4756	0.4761	0.4767
2.0	0.4772	0.4778	0.4783	0.4788	0.4793	0.4798	0.4803	0.4808	0.4812	0.4817
2.1	0.4821	0.4826	0.4830	0.4834	0.4838	0.4842	0.4846	0.4850	0.4854	0.4857
2.2	0.4861	0.4864	0.4868	0.4871	0.4875	0.4878	0.4881	0.4884	0.4887	0.4890
2.3	0.4893	0.4896	0.4898	0.4901	0.4904	0.4906	0.4909	0.4911	0.4913	0.4916
2.4	0.4918	0.4920	0.4922	0.4925	0.4927	0.4929	0.4931	0.4932	0.4934	0.4936
2.5	0.4938	0.4940	0.4941	0.4943	0.4945	0.4946	0.4948	0.4949	0.4951	0.4952
2.6	0.4953	0.4955	0.4956	0.4957	0.4959	0.4960	0.4961	0.4962	0.4963	0.4964
2.7	0.4965	0.4966	0.4967	0.4968	0.4969	0.4970	0.4971	0.4972	0.4973	0.4974
2.8	0.4974	0.4975	0.4976	0.4977	0.4977	0.4978	0.4979	0.4979	0.4980	0.4981
2.9	0.4981	0.4982	0.4982	0.4983	0.4984	0.4984	0.4985	0.4985	0.4986	0.4986
3.0	0.4987	0.4987	0.4987	0.4988	0.4988	0.4989	0.4989	0.4989	0.4990	0.4990
3.1	0.4990	0.4991	0.4991	0.4991	0.4992	0.4992	0.4992	0.4992	0.4993	0.4993
3.2	0.4993	0.4993	0.4994	0.4994	0.4994	0.4994	0.4994	0.4995	0.4995	0.4995
3.3	0.4995	0.4995	0.4995	0.4996	0.4996	0.4996	0.4996	0.4996	0.4996	0.4997
3.4	0.4997	0.4997	0.4997	0.4997	0.4997	0.4997	0.4997	0.4997	0.4997	0.4998
3.5	0.4998	0.4998	0.4998	0.4998	0.4998	0.4998	0.4998	0.4998	0.4998	0.4998

第3章

運用利回りと現在価値・将来価値

20 単利と複利

42 リターン ↔

【1】単利計算による資産総額と利息

$$V_n = V_0 \times (1+nr)$$

$$R_n = V_0 \times nr$$

n：年数　r：年利率　V_0：当初の資産総額

V_n：n 年後の資産総額　R_n：n 年間の利息合計

POINT

単利は元本（金）だけを対象としてつける利息（子）で、単利計算では、毎年の利息は新たな利息を生み出しません。したがって、利息の累計額は、1年当りの利息（＝当初の投資金額×年利率）を単純に年数倍したものになります。

【2】複利計算による資産総額と利息

$$V_n = V_0 \times (1+r)^n$$

$$R_n = V_0 \times \{(1+r)^n - 1\}$$

n：年数　r：年利率　V_0：当初の資産総額

V_n：n 年後の資産総額　R_n：n 年間の利息合計

POINT

複利計算では、ある年に発生した利息は翌年の利息を計算する際の元本に加えられ、新たな利息を生み出します。したがって、たとえば年利率を2% とすると、投資金額は1年ごとに1.02倍に増えていきます。

〈単利と複利の違い〉

単利計算と複利計算の結果の違いは、利息がさらに利息を生んだ分の違いです。次ページの数値例では、1,040,400－1,040,000＝400（円）の違いが出ていますが、これは1年目の利息が生み出す利息（20,000×2%＝400（円））を計上するか否かの違いということです。

例1 年利率2%（単利）で100万円を投資すると、1年後および2年後の資産総額はいくらか。

解 1年後の総額は、1,000,000×(1+0.02)＝1,020,000円

このうち、元本＝1,000,000円

利息＝1,000,000×0.02＝20,000円

2年後の総額は、1,000,000×(1+2×0.02)＝1,040,000円

このうち、元本＝1,000,000円

利息＝1,000,000×(2×0.02)＝40,000円

←【1】の活用

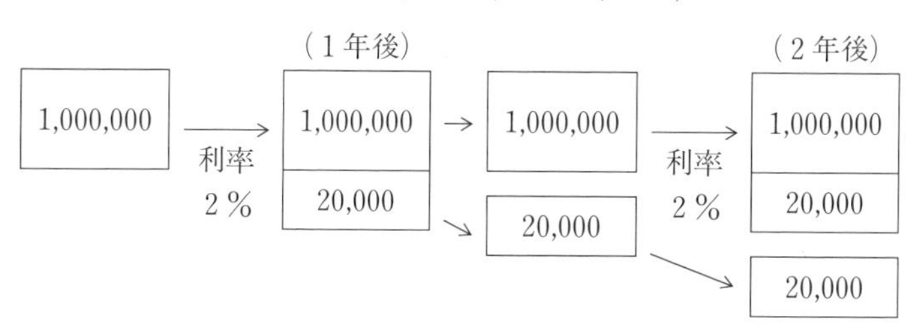

例2 年利率2%（複利）で100万円を投資すると、1年後および2年後の総額はいくらか。

解 1年後の総額は、1,000,000×(1+0.02)＝1,020,000円

このうち、元本＝1,000,000円

利息＝1,000,000×0.02＝20,000円

2年後の総額は、1,000,000×$(1+0.02)^2$＝1,040,400円

このうち、元本＝1,000,000円

利息＝1,000,000×$\{(1+0.02)^2-1\}$＝40,400円

←【2】の活用

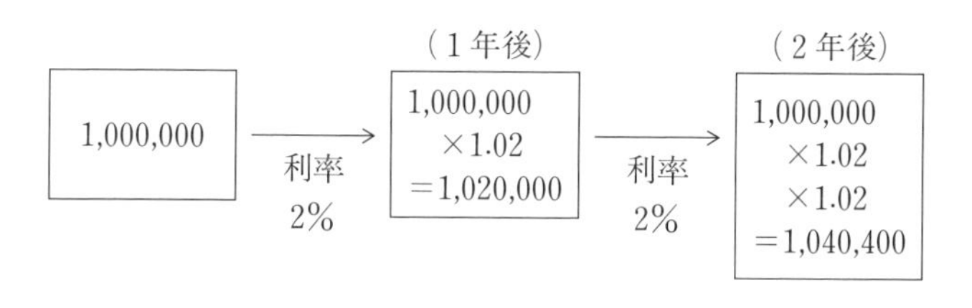

21 現在価値と将来価値（単利法）

【1】現在価値・将来価値とは

現在価値とは、将来において生ずる価値をその期間の金利で割り引いたもので、割引価値，現価ともいう。

将来価値は、現在価値と対比されるものであるが、現在ある資本をある期間の間、その固有の金利で運用した結果（将来）生ずる価値のことをいう。

【2】単利法による現在価値と将来価値の関係

22【1】現在価値と将来価値(複利法) ↔

$$FV = PV \times (1+nr)$$

FV：将来価値　PV：現在価値　n：年数　r：年利率

POINT

単利法による資産総額の変化を表す式（20【1】）と同じです。FV は Future Value（将来価値）、PV は Present Value（現在価値）の略です。

20【1】単利計算 →

【3】単利法の関係式（【2】の変形）

①現在価値を求める場合

$$PV = \frac{FV}{1+nr}$$

②年数を求める場合

$$n = \frac{\dfrac{FV}{PV}-1}{r}$$

③年利率を求める場合

$$r = \frac{\dfrac{FV}{PV}-1}{n}$$

例1 100万円を年利率3%（単利）で運用すると、2年後の将来価値はいくらか。

解 $FV = 1{,}000{,}000 \times (1 + 2 \times 0.03) = 1{,}060{,}000$円

← 【2】の活用

例2 年利率4%（単利）で運用し、3年後の将来価値が200万円になるとき、現在価値はいくらか。

解 $2{,}000{,}000 = PV \times (1 + 3 \times 0.04)$

$$PV = \frac{2{,}000{,}000}{1.12} = 1{,}785{,}714\text{円}$$

← 【2】①の活用

例3 100万円を年利率5%（単利）で運用するとき、150万円になるのは何年後か。

解 $1{,}500{,}000 = 1{,}000{,}000 \times (1 + 0.05n)$

$$n = \frac{\dfrac{1{,}500{,}000}{1{,}000{,}000} - 1}{0.05} = 10\ \text{（年後）}$$

← 【3】②の活用

例4 100万円を5年間運用して120万円にするには、年利率（単利）はいくらで運用すればよいか。

解 $1{,}200{,}000 = 1{,}000{,}000 \times (1 + 5r)$

$$r = \frac{\dfrac{1{,}200{,}000}{1{,}000{,}000} - 1}{5} = 0.04 = 4\%$$

← 【3】③の活用

22 現在価値と将来価値（複利法）

21【2】現在価値と将来価値(単利法)

【1】複利法による現在価値と将来価値の関係

$$FV = PV \times (1+r)^n$$

FV：将来価値　PV：現在価値　n：年数　r：年利率

POINT

複利法による資産総額の変化を表す式（**20**【2】）と同じです。

20【2】複利計算

【2】複利法の関係式（【1】の変形）

①現在価値を求める場合

$$PV = \frac{FV}{(1+r)^n}$$

②年数を求める場合

$$n = \log_{1+r} \frac{FV}{PV}$$

③年利率を求める場合

$$r = \left(\frac{FV}{PV}\right)^{\frac{1}{n}} - 1$$

4【1】対数の定義

3【3】累乗根

〈割引率とは〉

割引率とは、現在価値と将来価値の関係における年利率と同じ意味ですが、特に複利で現在価値を求める場合（【2】①のケース）で使われます。現在価値は、将来価値の受取金額に比べて年利率の分だけ割り引かれていると考えることから、割引率という名称になっています。

例1 100万円を年利率3%（複利）で運用すると、2年後の将来価値はいくらか。

解 $FV = 1{,}000{,}000 \times (1+0.03)^2 = 1{,}060{,}900$円

【1】の活用

例2 年利率4%（複利）で運用し、3年後の将来価値が200万円になるとき、現在価値はいくらか。

解 $2{,}000{,}000 = PV \times (1+0.04)^3$

$$PV = \frac{2{,}000{,}000}{1.04^3} = 1{,}777{,}993\text{円}$$

【2】①の活用

例3 100万円を年利率5%（複利）で運用するとき、150万円になるのは何年後か（**10** 付録常用対数表参照）。

解 $1{,}500{,}000 = 1{,}000{,}000 \times (1+0.05)^n$

$$1.05^n = \frac{1{,}500{,}000}{1{,}000{,}000} = 1.5$$

$$n = \log_{1.05} 1.5$$

$$= \frac{\log_{10} 1.5}{\log_{10} 1.05} = \frac{0.1761}{0.0212} = 8.31$$

→9年後

【2】②の活用

5【2】常用対数を用いた計算

例4 100万円を5年間運用して120万円にするには、年利率（複利）いくらで運用すればよいか。

解 $1{,}200{,}000 = 1{,}000{,}000 \times (1+r)^5$

$$(1+r)^5 = \frac{1{,}200{,}000}{1{,}000{,}000} = 1.2$$

$$1+r = 1.2^{\frac{1}{5}} = 1.0371$$

$r = 1.0371 - 1 = 0.0371$　　3.71%

【2】③の活用

23 終価係数と現価係数

22【1】複利法による現在価値と将来価値 →

【1】終価係数

$FV = PV \times$ 終価係数

終価係数 $= (1+r)^n$

FV：将来価値　PV：現在価値　n：年数　r：年利率

POINT

終価は将来価値と同じ意味です。終価係数とは**複利**で計算した場合に将来価値が現在価値の何倍かを表します。

【2】現価係数

$PV = FV \times$ 現価係数

現価係数 $= \dfrac{1}{(1+r)^n}$

FV：将来価値　PV：現在価値　n：年数　r：年利率

POINT

現価は現在価値と同じ意味です。現価係数とは**複利**で計算した場合に現在価値が将来価値の何倍かを表し、終価係数の逆数になっています。

例1 100万円を年利率3％で2年間運用する場合の終価係数を求めなさい。

解 $(1+0.03)^2 = 1.0609$

【1】の活用

例2 年利率4％で運用し3年間運用する場合の現価係数を求めなさい。

解 $\frac{1}{(1+0.04)^3} = 0.8890$

【2】の活用

例3 100万円を年利率4％で運用するときの20年後の将来価値を、終価係数表を用いて求めなさい。

解 終価係数表より、年数20年、年利率4％の終価係数は、2.1911

$FV = 1{,}000{,}000 \times 2.1911 = 2{,}191{,}100$円

31 終価係数表

例4 年利率3％で運用し、15年後の将来価値が200万円になるときの現在価値を、現価係数表を用いて求めなさい。

解 現価係数表より、年数15年、年利率3％の終価係数は、0.6419

$PV = 2{,}000{,}000 \times 0.6419 = 1{,}283{,}800$円

31 現価係数表

24 キャッシュフローがある場合の将来価値

【1】キャッシュフローがある場合（複数運用する場合）の将来価値（単利法）

21【2】単利法による現在価値と将来価値 →

$$FV = C_0\times(1+nr)+C_1\times\{1+(n-1)r\}+C_2\times\{1+(n-2)r\}+\cdots\cdots+C_{n-1}\times(1+r) = \sum_{i=0}^{n-1} C_i\{1+(n-i)r\}$$

FV：n 年後の将来価値

C_i：i 年後のキャッシュフロー　　r：年利率

POINT

キャッシュフローごとに分けて考えると、単利計算による現在価値と将来価値の関係が成立していることがわかります。

（現在）　（i 年後）　（n 年後）

C_0 ------→ $C_0(1+nr)$

C_i ------→ $C_i\{1+(n-i)r\}$

【2】キャッシュフローがある場合（複数運用する場合）の将来価値（複利法）

22【1】複利法による現在価値と将来価値 →

$$FV = C_0\times(1+r)^n+C_1\times(1+r)^{n-1}+C_2\times(1+r)^{n-2}+\cdots\cdots+C_{n-1}\times(1+r) = \sum_{i=0}^{n-1} C_i(1+r)^{n-i}$$

FV：n 年後の将来価値

C_i：i 年後のキャッシュフロー　　r：年利率

25【2】キャッシュフローの現在価値 ↔

POINT

キャッシュフローごとに分けて考えると、複利計算による現在価値と将来価値の関係が成立していることがわかります。

26【3】キャッシュフローがある場合の内部収益率 ↔

（現在）　（i 年後）　（n 年後）

C_0 ------→ $C_0(1+r)^n$

C_i ------→ $C_i(1+r)^{n-i}$

例1 年利率3%（単利）で100万円を運用し、1年後に50万円、2年後に30万円を追加して運用すると、3年後の将来価値はいくらか。

解 キャッシュフローごとに分けて考えると

年利率3%で100万円を運用した場合の3年後の将来価値
$= 1{,}000{,}000 \times (1+3\times 0.03) = 1{,}090{,}000$円

年利率3%で50万円を運用した場合の2年後の将来価値
$= 500{,}000 \times (1+2\times 0.03) = 530{,}000$円

年利率3%で30万円を運用した場合の1年後の将来価値
$= 300{,}000 \times (1+1\times 0.03) = 309{,}000$円

この三つを足して、$1{,}090{,}000+530{,}000+309{,}000$
$= 1{,}929{,}000$円

（現在）	（1年後）	（2年後）	（3年後）
1,000,000 ---------->			1,090,000
	500,000 ---------->		530,000
		300,000 ---------->	309,000

← 【1】の活用

例2 年利率3%（複利）で100万円を運用し、1年後に50万円、2年後に30万円を追加して運用すると、3年後の将来価値はいくらか。

解 キャッシュフローごとに分けて考えると

年利率3%で100万円を運用した場合の3年後の将来価値
$= 1{,}000{,}000 \times (1+0.03)^3 = 1{,}092{,}727$円

年利率3%で50万円を運用した場合の2年後の将来価値
$= 500{,}000 \times (1+0.03)^2 = 530{,}450$円

年利率3%で30万円を運用した場合の1年後の将来価値
$= 300{,}000 \times (1+0.03) = 309{,}000$円

この三つを足して、$1{,}092{,}727+530{,}450+309{,}000$
$= 1{,}932{,}177$円

（現在）	（1年後）	（2年後）	（3年後）
1,000,000 ---------->			1,092,727
	500,000 ---------->		530,450
		300,000 ---------->	309,000

← 【2】の活用

25 キャッシュフローがある場合の現在価値

21【2】単利法による現在価値と将来価値 →

【1】キャッシュフローがある場合（複数運用する場合）の現在価値（単利法）

$$PV = C_0 + \frac{C_1}{1+r} + \frac{C_2}{1+2r} + \cdots\cdots + \frac{C_n}{1+nr}$$
$$= \sum_{i=0}^{n} \frac{C_i}{1+ir}$$

PV：現在価値　　C_i：i 年後のキャッシュフロー
n：年数　　r：年利率

POINT

キャッシュフローごとに分けて考えると、単利計算による現在価値と将来価値の関係が成立していることがわかります。

（現在）　　（i 年後）　　（n 年後）

$\frac{C_i}{1+ir}$ ------→ C_i

$\frac{C_n}{1+nr}$ ------------→ C_n

（※）以上の展開式を（複利法）との比較上、掲載しましたが、現実にはありえないということに注意して下さい。

22【1】複利法による現在価値と将来価値 →

【2】キャッシュフローがある場合（複数運用する場合）の現在価値（複利法）

$$PV = C_0 + \frac{C_1}{1+r} + \frac{C_2}{(1+r)^2} + \cdots\cdots + \frac{C_n}{(1+r)^n}$$
$$= \sum_{i=0}^{n} \frac{C_i}{(1+r)^i}$$

PV：現在価値　　C_i：i 年後のキャッシュフロー
n：年数　　r：年利率

24【2】キャッシュフローの将来価値 ↔

POINT

この式の両辺に $(1+r)^n$ を掛けると、将来価値を求める式（**24【2】**）と同じであることが確認できます（なぜならば、$FV = PV \times (1+r)^n$）。

キャッシュフローごとに分けて考えると、複利計算による現在価値と将来価値の関係が成立していることがわかります。

26【3】キャッシュフローがある場合の内部収益率 ↔

（現在）　　（i 年後）　　（n 年後）

$\frac{C_i}{(1+r)^i}$ ------→ C_i

$\frac{C_n}{(1+r)^n}$ ------------→ C_n

例1 年利率3%（単利）で運用し、1年後に100万円、2年後に200万円を受け取るためには、いくら運用すればよいか。

解 キャッシュフローごとに分けて考えると

1年後の100万円の現在価値

$$=\frac{1{,}000{,}000}{1+0.03}=970{,}874\text{円}$$

2年後の200万円の現在価値

$$=\frac{2{,}000{,}000}{1+2\times0.03}=1{,}886{,}792\text{円}$$

この二つを足して、970,874＋1,886,792＝2,857,666円

（現在）	（1年後）	（2年後）
970,874 ------→	1,000,000	
1,886,792 ------------→		2,000,000

（※）以上の展開式を（複利法）との比較上、掲載しましたが、現実にはありえないということに注意して下さい。

←【1】の活用

例2 年利率3%（複利）で運用し、1年後に100万円、2年後に200万円を受け取るためには、いくら運用すればよいか。

解 キャッシュフローごとに分けて考えると

1年後の100万円の現在価値

$$=\frac{1{,}000{,}000}{1+0.03}=970{,}874\text{円}$$

2年後の200万円の現在価値

$$=\frac{2{,}000{,}000}{(1+0.03)^2}=1{,}885{,}192\text{円}$$

この二つを足して、970,874＋1,885,192＝2,856,066円

（現在）	（1年後）	（2年後）
970,874 ------→	1,000,000	
1,885,192 ------------→		2,000,000

←【2】の活用

26 内部収益率（IRR）

【1】内部収益率（IRR）

内部収益率とは、現在の投資額（元本）と、その投資から将来発生する収入の現在価値の合計を等しくするような収益率のことをいう。

【2】現在価値・将来価値と内部収益率の関係

22【1】複利法による現在価値と将来価値 →

$$r=\left(\frac{FV}{PV}\right)^{\frac{1}{n}}-1$$

FV：将来価値　PV：現在価値　n：年数　r：内部収益率

46【2】金額加重収益率 ↔

POINT

この数式は、複利計算の場合の現在価値・将来価値と年利率の関係式（22【2】③）と同じです（途中にキャッシュフローがない場合）。また、幾何平均収益率、金額加重収益率も内部収益率に等しくなります。

【3】キャッシュフローがある場合の内部収益率

24【2】キャッシュフローの将来価値（複利法）↔

25【2】キャッシュフローの現在価値（複利法）↔

① $$FV=C_0\times(1+r)^n+C_1\times(1+r)^{n-1}+C_2\times(1+r)^{n-2}+\cdots\cdots+C_{n-1}\times(1+r)=\sum_{i=0}^{n-1}C_i(1+r)^{n-i}$$

② $$PV=C_0+\frac{C_1}{1+r}+\frac{C_2}{(1+r)^2}+\cdots\cdots+\frac{C_n}{(1+r)^n}=\sum_{i=0}^{n}\frac{C_i}{(1+r)^i}$$

PV：現在価値　　FV：将来価値

C_i：i年後のキャッシュフロー　　n：年数　　r：内部収益率

POINT

複利計算の場合の現在価値・将来価値・キャッシュフローと年利率の関係式（24【2】および25【2】）と同じです。この式をrについて解いたものが、内部収益率となります。

②式に$(1+r)^n$を掛けると、①式になります（なぜならば、$FV=PV\times(1+r)^n$）。

例1 100万円を5年間運用して120万円になったとき、内部収益率はいくらか。

解 $1{,}200{,}000 = 1{,}000{,}000 \times (1+r)^5$

$$r = \left(\frac{1{,}200{,}000}{1{,}000{,}000}\right)^{\frac{1}{5}} - 1 = 0.0371 = 3.71\%$$

← 【2】の活用

例2 100万円を運用し、1年後に50万円、2年後に30万円を追加して運用したところ、3年後には200万円になった。内部収益率はいくらか。

解 $1{,}000{,}000 \times (1+r)^3 + 500{,}000 \times (1+r)^2$
$+ 300{,}000 \times (1+r) = 2{,}000{,}000$

表計算ソフトまたは関数電卓などを用いてこれを解くと、
$r = 0.044853\cdots$　4.49%

← 【3】①の活用

〈Excel 関数を用いると…〉

Excelには、内部収益率を計算するIRR関数があります。
セルB6の式：
＝IRR(B1：B4)

	A	B
1	当初投資額	−1,000,000
2	1年後の追加投資額	−500,000
3	2年後の追加投資額	−300,000
4	3年後の収益額	2,000,000
5		
6	IRR	4.4853%

例3 290万円を運用し、1年後に100万円、2年後に200万円を受け取ったとき、内部収益率はいくらか。

解 $$2{,}900{,}000 = \frac{1{,}000{,}000}{1+r} + \frac{2{,}000{,}000}{(1+r)^2}$$

← 【3】②の活用

$1+r$ を R と置いて整理すると、
$29R^2 - 10R - 20 = 0$

$$R = \frac{10 \pm \sqrt{10^2 + 4 \times 29 \times 20}}{2 \times 29}$$

r は −100% を下回ることがないという前提にすると、
$R > 0$ より $R = 1.0206$
よって、$r = 2.06\%$

← 2【1】2次方程式

27 債券価格と金利の関係

25【1】キャッシュフローの現在価値 →

【1】利付債（クーポン（利息）付きの債券）の価格と金利の関係

$$P = \frac{C}{1+r} + \frac{C}{(1+r)^2} + \cdots\cdots + \frac{C}{(1+r)^{n-1}} + \frac{C+F}{(1+r)^n}$$

P：債券の時価　　C：クーポン金額　　F：額面

r：金利（複利最終利回り）　　n：残存年数

POINT

1年後、2年後、……、n 年後にクーポンを受け取り、さらに n 年後に償還される額面金額を受け取ると考えた場合の現在価値を計算する式です。金利（年利率）には複利の最終利回り（クーポンと償還金額の両方を考慮した利率）を用います。現在の債券時価は、債券の現在価値に等しくなります。

【2】割引債（クーポン（利息）のない債券）の価格と金利の関係

$$P = \frac{F}{(1+r)^n}$$

P：債券の時価　　F：額面

r：金利（複利最終利回り）　　n：残存年数

POINT

利付債の場合と同じ考え方ですが、割引債にはクーポンが存在しないので、キャッシュフローは償還される際の額面のみになります。

〈債券価格と金利の関係〉

利付債および割引債の関係式からわかるように、金利が上昇すると価格は下落し、金利が下落すると価格が上昇する関係にあります。

例1 クーポン利率5%、年1回利払、複利最終利回り6%、残存期間4年、額面100円の利付債の現在価値（時価単価）を求めなさい。

解 $現在価値 = \frac{5}{1.06} + \frac{5}{1.06^2} + \frac{5}{1.06^3} + \frac{105}{1.06^4} = 96.53円$

【1】の活用

例2 クーポン利率5%、年1回利払、現在価値（時価単価）104円、残存期間4年、額面100円の利付債の複利最終利回りを求めなさい。

解 $\frac{5}{1+r} + \frac{5}{(1+r)^2} + \frac{5}{(1+r)^3} + \frac{105}{(1+r)^4} = 104$

2【2】*n*次方程式

表計算ソフトまたは関数電卓などを用いてこれを解くと、

$r = 3.90\%$

例3 複利最終利回り6%、残存期間4年、額面100円の割引債の現在価値（時価単価）を求めなさい。

解 $現在価値 = \frac{100}{1.06^4} = 79.21円$

【2】の活用

〈Excel関数を用いると…〉

Excelには、債券の複利最終利回りを計算するYIELD関数があります（割引債の場合には、代わりにYIELDDISC関数を用います）。これを用いて、（例3）の答えを求めたものがセルB9です（今日が2003年3月31日という前提になっています）。

	A	B
1	基準日	2003/3/31
2	償還日	2007/3/31
3	利率	0.05
4	現在価値	104.00
5	償還価値	100.00
6	頻度(年間利払回数)	1
7	基準(日本の場合は1)	1
8		
9	複利最終利回り	3.90%

セルB9の式：
=YIELD(B1, B2, B3, B4, B5, B6, B7)

28 債券のデュレーション

27【1】利付債の価格と金利の関係 →

【1】マコーレーのデュレーション

$$D=\frac{\dfrac{C}{1+r}+\dfrac{2C}{(1+r)^2}+\cdots\cdots+\dfrac{(n-1)C}{(1+r)^{n-1}}+\dfrac{n(C+F)}{(1+r)^n}}{P}$$

D：デュレーション　C：クーポン金額　F：額面
r：複利最終利回り　n：残存年数　P：債券価格

POINT

この数式の債券価格 P は、以下の式で計算できます（**27【1】**参照）。

$$P=\frac{C}{1+r}+\frac{C}{(1+r)^2}+\cdots\cdots+\frac{C}{(1+r)^{n-1}}+\frac{C+F}{(1+r)^n}$$

したがって、デュレーションは、残存期間を各年度のキャッシュフローの現在価値で加重平均した値と考えられます。つまり、投資金額の平均回収期間を表しています。このことから、デュレーションの単位には「年」が用いられます。

【2】修正デュレーション

$$Dmod=\frac{D}{1+r}$$

D：マコーレーのデュレーション
$Dmod$：修正デュレーション　r：複利最終利回り

POINT

デュレーションを「１＋金利」で割ったものなので、デュレーションより値が小さくなります。本来、単位はありませんが、デュレーションと同様に「年」が用いられることが多いです。修正デュレーションは、金利に対する感応度を示す指標ですが、この点については **29** を参照してください。

例1 クーポン利率5%、年1回利払、複利最終利回り6%、残存期間4年、額面100円の債券のデュレーションを求めなさい。

解 債券価格 $= \frac{5}{1.06}+\frac{5}{1.06^2}+\frac{5}{1.06^3}+\frac{105}{1.06^4} = 96.53$円

【1】の活用

「キャッシュフローの現在価値×残存期間」の合計は、

$$\frac{1\times5}{1.06}+\frac{2\times5}{1.06^2}+\frac{3\times5}{1.06^3}+\frac{4\times105}{1.06^4} = 358.89$$

よってデュレーションは、$\frac{358.89}{96.53} = 3.72$年

例2 （例1）の数値例で、修正デュレーションを求めなさい。

【2】の活用

解 修正デュレーションは、

$$\frac{3.72}{1.06} = 3.51年$$

〈Excel関数を用いると…〉

Excelには、債券のデュレーションおよび修正デュレーションを計算するDURATION関数およびMDURATION関数があります。これを用いて、（例1）と（例2）の答えを求めたものがセルB8、B9です（今日が2003年3月31日という前提になっています）。

	A	B
1	基準日	2003/3/31
2	償還日	2007/3/31
3	利率	0.05
4	複利最終利回り	6.00%
5	頻度（年間利払回数）	1
6	基準（日本の場合は1）	1
7		
8	デュレーション	3.72
9	修正デュレーション	3.51

セルB8の式：
=DURATION(B1, B2, B3, B4, B5, B6)

セルB9の式：
=MDURATION(B1, B2, B3, B4, B5, B6)

29 債券価格の変化とデュレーションの関係

28【1】マコーレーのデュレーション

【1】債券価格の変化とデュレーションの関係

$$\frac{\Delta P}{P} \fallingdotseq -D \times \frac{\Delta r}{1+r}$$

（価格変化率 ≒ －デュレーション×金利変化率）

P：債券価格　　r：複利最終利回り

ΔP：債券価格の変化幅　　Δr：複利最終利回りの変化幅

D：マコーレーのデュレーション

POINT

27【1】利付債の価格と金利の関係

Δはギリシア文字の大文字で、デルタと読みます。主に変化幅を表す記号として用いられます。デュレーションの数字は、金利の変化に対する価格変動度合いの尺度になるため、債券のリスク指標として重視されています。デュレーションによる価格変化の推定値はあくまで近似値であり、特に金利変化が大きい場合には誤差が生じやすく、注意が必要です。

なお、この近似式を説明するには微分の知識が必要で、本書では割愛します。

【2】債券価格の変化と修正デュレーションの関係

28【2】修正デュレーション

$$\frac{\Delta P}{P} \fallingdotseq -Dmod \times \Delta r$$

（価格変化率 ≒ －修正デュレーション×金利変化幅）

$$\Delta P \fallingdotseq -Dmod \times \Delta r \times P$$

P：債券価格　　r：複利最終利回り

ΔP：債券価格の変化幅　　Δr：複利最終利回りの変化幅

$Dmod$：修正デュレーション

POINT

【1】の式と修正デュレーションの定義式（**28**【2】）を組み合わせると、この数式になります。修正デュレーションを用いると債券利回りの変化を価格の変化に換算できるので、債券のリスクをわかりやすく示す指標として重視されています。

例1 クーポン利率6%、年1回利払、残存期間4年、額面100円の債券がある。金利が5%から4%に変化すると、債券価格はどの程度変化するか。

解 債券価格 $= \frac{6}{1.05} + \frac{6}{1.05^2} + \frac{6}{1.05^3} + \frac{106}{1.05^4} = 103.55$円

【1】の活用

「キャッシュフローの現在価値×残存期間」の合計は、

現在価値 $= \frac{1\times 6}{1.05} + \frac{2\times 6}{1.05^2} + \frac{3\times 6}{1.05^3} + \frac{4\times 106}{1.05^4} = 380.97$

よってデュレーションは、$\frac{380.97}{103.55} = 3.68$年

金利の変化率は、$\frac{0.04-0.05}{1.05} = -0.95\%$

よって債券価格の変化率の近似値は、

$-3.68\times(-0.0095) = 3.50\%$

なお、債券価格の変化率を正確に求めると、以下のようになる。

金利が4%のときの債券価格を実際に求めると107.26円となり、価格変化率は、$\frac{107.26-103.55}{103.55} = 3.59\%$

(価格変化幅は、$107.26-103.35 = 3.71$円)

例2 修正デュレーションが4年のとき、金利が4%から3%に変化すると、債券価格はおよそ何%上昇するか。

解 債券価格上昇率 $\fallingdotseq -4\times(3\%-4\%) = 4\%$

【2】の活用

30 株式の配当（割引）モデル

【1】配当（割引）モデル

25 【1】キャッシュフローの現在価値 →

$$P=\frac{D_1}{1+r}+\frac{D_2}{(1+r)^2}+\cdots\cdots+\frac{D_n}{(1+r)^n}=\sum_{t=1}^{n}\frac{D_t}{(1+r)^t}$$

P：株価　D：t 期の１株当り配当額　r：割引率

POINT

株式の価値は将来の配当の現在価値の合計であるという考え方に基づいています。

【2】定額配当モデル（毎期の配当額を一定と考える場合）

9 【2】無限等比数列の和 →

$$P=\frac{D}{1+r}+\frac{D}{(1+r)^2}+\cdots\cdots+\frac{D}{(1+r)^n}$$

$n\to\infty$ のとき、$P=\dfrac{D}{r}$

P：株価　D：１期当りの１株当り配当額　r：割引率

POINT

毎期の配当金額を一定とみなすと、無限等比数列の和の公式を利用することにより結果が簡単に表せます。

【3】定率成長モデル（配当額が一定の割合で増えると考える場合）

$$P=\frac{D}{1+r}+\frac{D(1+g)}{(1+r)^2}+\frac{D(1+g)^2}{(1+r)^3}+\cdots\cdots+\frac{D(1+g)^{n-1}}{(1+r)^n}$$

$n\to\infty$ のとき、$P=\dfrac{D}{r-g}$

P：株価　D：１期目の１株当り配当額

r：割引率　g：配当成長率

POINT

この式も無限等比数列の和の公式を利用しています。

例1 毎年1株当り10円を配当する株式がある。市場の無リスクの長期金利を3%、この株式のリスクプレミアムを2%として、株式の理論価格を求めなさい。

解 割引率は3+2=5%より、

$$P=\frac{10}{1.05}+\frac{10}{1.05^2}+\frac{10}{1.05^3}+\cdots\cdots$$

$$=\frac{\frac{10}{1.05}}{1-\frac{1}{1.05}}=200円$$

なお、$P=\frac{D}{r}$をそのまま使うと、

$$P=\frac{10}{0.05}=200円$$

【2】の活用

例2 （例1）の配当が毎年3%成長するとき、株式の理論価格を求めなさい。

解 $$P=\frac{10}{1.05}+\frac{10\times1.03}{1.05^2}+\frac{10\times1.03^2}{1.05^3}+\cdots\cdots$$

$$=\frac{\frac{10}{1.05}}{1-\frac{1.03}{1.05}}=500円$$

なお、$P=\frac{D}{r-g}$をそのまま使うと、

$$P=\frac{10}{0.05-0.03}=500円$$

【3】の活用

31 （付録） 終価係数表と現価係数表

23 終価係数 →

○ 終価係数表

n ＼ r	1%	2%	3%	4%	5%	6%
1	1.0100	1.0200	1.0300	1.0400	1.0500	1.0600
2	1.0201	1.0404	1.0609	1.0816	1.1025	1.1236
3	1.0303	1.0612	1.0927	1.1249	1.1576	1.1910
4	1.0406	1.0824	1.1255	1.1699	1.2155	1.2625
5	1.0510	1.1041	1.1593	1.2167	1.2763	1.3382
6	1.0615	1.1262	1.1941	1.2653	1.3401	1.4185
7	1.0721	1.1487	1.2299	1.3159	1.4071	1.5036
8	1.0829	1.1717	1.2668	1.3686	1.4775	1.5938
9	1.0937	1.1951	1.3048	1.4233	1.5513	1.6895
10	1.1046	1.2190	1.3439	1.4802	1.6289	1.7908
11	1.1157	1.2434	1.3842	1.5395	1.7103	1.8983
12	1.1268	1.2682	1.4258	1.6010	1.7959	2.0122
13	1.1381	1.2936	1.4685	1.6651	1.8856	2.1329
14	1.1495	1.3195	1.5126	1.7317	1.9799	2.2609
15	1.1610	1.3459	1.5580	1.8009	2.0789	2.3966
20	1.2202	1.4859	1.8061	2.1911	2.6533	3.2071
25	1.2824	1.6406	2.0938	2.6658	3.3864	4.2919
30	1.3478	1.8114	2.4273	3.2434	4.3219	5.7435
35	1.4166	1.9999	2.8139	3.9461	5.5160	7.6861

n ＼ r	7%	8%	9%	10%	11%	12%
1	1.0700	1.0800	1.0900	1.1000	1.1100	1.1200
2	1.1449	1.1664	1.1881	1.2100	1.2321	1.2544
3	1.2250	1.2597	1.2950	1.3310	1.3676	1.4049
4	1.3108	1.3605	1.4116	1.4641	1.5181	1.5735
5	1.4026	1.4693	1.5386	1.6105	1.6851	1.7623
6	1.5007	1.5869	1.6771	1.7716	1.8704	1.9738
7	1.6058	1.7138	1.8280	1.9487	2.0762	2.2107
8	1.7182	1.8509	1.9926	2.1436	2.3045	2.4760
9	1.8385	1.9990	2.1719	2.3579	2.5580	2.7731
10	1.9672	2.1589	2.3674	2.5937	2.8394	3.1058
11	2.1049	2.3316	2.5804	2.8531	3.1518	3.4785
12	2.2522	2.5182	2.8127	3.1384	3.4985	3.8960
13	2.4098	2.7196	3.0658	3.4523	3.8833	4.3635
14	2.5785	2.9372	3.3417	3.7975	4.3104	4.8871
15	2.7590	3.1722	3.6425	4.1772	4.7846	5.4736
20	3.8697	4.6610	5.6044	6.7275	8.0623	9.6463
25	5.4274	6.8485	8.6231	10.8347	13.5855	17.0001
30	7.6123	10.0627	13.2677	17.4494	22.8923	29.9599
35	10.6766	14.7853	20.4140	28.1024	38.5749	52.7996

23 現価係数

○ 現価係数表

n＼r	1%	2%	3%	4%	5%	6%
1	0.9901	0.9804	0.9709	0.9615	0.9524	0.9434
2	0.9803	0.9612	0.9426	0.9246	0.9070	0.8900
3	0.9706	0.9423	0.9151	0.8890	0.8638	0.8396
4	0.9610	0.9238	0.8885	0.8548	0.8227	0.7921
5	0.9515	0.9057	0.8626	0.8219	0.7835	0.7473
6	0.9420	0.8880	0.8375	0.7903	0.7462	0.7050
7	0.9327	0.8706	0.8131	0.7599	0.7107	0.6651
8	0.9235	0.8535	0.7894	0.7307	0.6768	0.6274
9	0.9143	0.8368	0.7664	0.7026	0.6446	0.5919
10	0.9053	0.8203	0.7441	0.6756	0.6139	0.5584
11	0.8963	0.8043	0.7224	0.6496	0.5847	0.5268
12	0.8874	0.7885	0.7014	0.6246	0.5568	0.4970
13	0.8787	0.7730	0.6810	0.6006	0.5303	0.4688
14	0.8700	0.7579	0.6611	0.5775	0.5051	0.4423
15	0.8613	0.7430	0.6419	0.5553	0.4810	0.4173
20	0.8195	0.6730	0.5537	0.4564	0.3769	0.3118
25	0.7798	0.6095	0.4776	0.3751	0.2953	0.2330
30	0.7419	0.5521	0.4120	0.3083	0.2314	0.1741
35	0.7059	0.5000	0.3554	0.2534	0.1813	0.1301

n＼r	7%	8%	9%	10%	11%	12%
1	0.9346	0.9259	0.9174	0.9091	0.9009	0.8929
2	0.8734	0.8573	0.8417	0.8264	0.8116	0.7972
3	0.8163	0.7938	0.7722	0.7513	0.7312	0.7118
4	0.7629	0.7350	0.7084	0.6830	0.6587	0.6355
5	0.7130	0.6806	0.6499	0.6209	0.5935	0.5674
6	0.6663	0.6302	0.5963	0.5645	0.5346	0.5066
7	0.6227	0.5835	0.5470	0.5132	0.4817	0.4523
8	0.5820	0.5403	0.5019	0.4665	0.4339	0.4039
9	0.5439	0.5002	0.4604	0.4241	0.3909	0.3606
10	0.5083	0.4632	0.4224	0.3855	0.3522	0.3220
11	0.4751	0.4289	0.3875	0.3505	0.3173	0.2875
12	0.4440	0.3971	0.3555	0.3186	0.2858	0.2567
13	0.4150	0.3677	0.3262	0.2897	0.2575	0.2292
14	0.3878	0.3405	0.2992	0.2633	0.2320	0.2046
15	0.3624	0.3152	0.2745	0.2394	0.2090	0.1827
20	0.2584	0.2145	0.1784	0.1486	0.1240	0.1037
25	0.1842	0.1460	0.1160	0.0923	0.0736	0.0588
30	0.1314	0.0994	0.0754	0.0573	0.0437	0.0334
35	0.0937	0.0676	0.0490	0.0356	0.0259	0.0189

第 4 章

年金の現在価値・将来価値

32 年金の将来価値（期初積立て）

33【1】年金の将来価値(期末積立て) ↔

【1】年金の将来価値（期初積立ての場合）

$$FV = C\times(1+r)^n + C\times(1+r)^{n-1} + \cdots\cdots + C\times(1+r)^2 + C\times(1+r)$$

$$= \frac{C(1+r)^n\left\{1-\frac{1}{(1+r)^n}\right\}}{1-\frac{1}{1+r}}$$

8【2】等比数列の和 →

$$= \frac{C\{(1+r)^{n+1}-(1+r)\}}{r}$$

FV：将来価値　　C：毎年の積立て額

n：年数　　r：年利率

24【2】キャッシュフローの将来価値 →

POINT

$C\times(1+r)^n$ は、1年目の初めに積み立てた額の n 年後の将来価値を表します。同様に、$C\times(1+r)^{n-1}$ は2年目、……、$C\times(1+r)$ は n 年目の初めに積み立てた額の n 年後の将来価値です。2番目の式は、等比数列の和の公式を用いて簡単にしたものです。

〈参考：単利法での年金の将来価値（期初積立ての場合）〉

一般的には用いられませんが、単利法で年金の将来価値を計算すると、次のようになります。

$$FV = C\times(1+nr) + C\times\{1+(n-1)r\} + \cdots\cdots + C\times(1+2r) + C\times(1+r)$$

$$= \frac{1}{2}n\times\{2C(1+r)+(n-1)Cr\}$$

7【2】等差数列の和 →

$$= \frac{1}{2}nC(2+r+nr)$$

2番目の式は、等差数列の和の公式を用いて簡単にしたものです（初項からの順番は逆にしてあります）。

例1 毎年の初めに8万円ずつ入金し、年利率3%で運用するとき、5年後の将来価値を求めなさい。

解 $80{,}000\times(1+0.03)^5+80{,}000\times(1+0.03)^4+80{,}000$
$\times(1+0.03)^3+80{,}000\times(1+0.03)^2+80{,}000\times(1+0.03)$

$$=\frac{80{,}000\times\{(1+0.03)^{5+1}-(1+0.03)\}}{0.03}=437{,}473\text{円}$$

←【1】の活用

例2 年利率4%で運用して5年後に100万円受け取るには、毎年の初めにいくらずつ入金する必要があるか。

解 $$1{,}000{,}000=\frac{C\times\{(1+0.04)^{5+1}-(1+0.04)\}}{0.04}$$

これを解いて、$C=177{,}526$円

例3 毎年の初めに5万円ずつ入金し、年利率3%で運用して100万円受け取るには、何年間運用しなければならないか。

解 $$1{,}000{,}000=\frac{50{,}000\times\{(1+0.03)^{n+1}-(1+0.03)\}}{0.03}$$

←5【2】常用対数

$$n=\log_{1.03}1.63-1=\frac{\log_{10}1.63}{\log_{10}1.03}-1=15.5291\quad 16\text{年}$$

例4 毎年の初めに10万円ずつ入金し、9年後に100万円受け取るには、年利率何%で運用する必要があるか。

解 $$1{,}000{,}000=\frac{100{,}000\times\{(1+r)^{9+1}-(1+r)\}}{r}$$

関数電卓または表計算ソフトを用いて解いて、

$r=0.0210016\cdots\quad 2.10\%$

参考 この項目における表計算ソフトの利用法については、115ページの「**巻末資料 Excel 関数の利用法**」を参照してください。

33 年金の将来価値（期末積立て）

32【1】年金の将来価値（期初積立て）↔

【1】年金の将来価値（期末積立ての場合）

$$FV = C\times(1+r)^{n-1}+C\times(1+r)^{n-2}+\cdots\cdots$$
$$+C\times(1+r)^2+C\times(1+r)+C$$
$$=\frac{C(1+r)^{n-1}\left\{1-\dfrac{1}{(1+r)^n}\right\}}{1-\dfrac{1}{1+r}}$$
$$=\frac{C\{(1+r)^n-1\}}{r}$$

FV：将来価値　　C：毎年の積立て額

n：年数　　r：年利率

8【2】等比数列の和 →

24【2】キャッシュフローの将来価値 →

POINT

$C\times(1+r)^n$ は、1年目の初めに積み立てた額の n 年後の将来価値を表します。同様に、$C\times(1+r)^{n-1}$ は2年目、……、$C\times(1+r)$ は n 年目の初めに積み立てた額のn年後の将来価値です。

32 の期初積立ての場合と比べると、各年の積立て額が運用される期間は1年ずつ短くなるため、利息が1年分ずつ少なくなっていることがわかります。

〈参考：単利法での年金の将来価値（期末積立ての場合）〉

一般的には用いられませんが、単利法で年金の将来価値を計算すると、次のようになります。

$$FV = C\times\{1+(n-1)r\}+C\times\{1+(n-2)r\}+\cdots\cdots$$
$$+C\times(1+r)+C$$
$$=\frac{1}{2}n\times\{2C+(n-1)Cr\}$$
$$=\frac{1}{2}nC(2-r+nr)$$

7【2】等差数列の和 →

32 の〈参考〉と同様に、2番目の式は、等差数列の和の公式を用いて簡単にしたものです（初項からの順番は逆にしてあります）。

例1 毎年の終わりに8万円ずつ入金し、年利率3%で運用するとき、5年後の将来価値を求めなさい。

解 $80{,}000\times(1+0.03)^4+80{,}000\times(1+0.03)^3+80{,}000\times(1+0.03)^2+80{,}000\times(1+0.03)+80{,}000$

$$=\frac{80{,}000\times\{(1+0.03)^5-1\}}{0.03}=424{,}731\text{円}$$

←【1】の活用

例2 利率4%で運用して5年後に100万円受け取るには、毎年の終わりにいくらずつ入金する必要があるか。

解 $$1{,}000{,}000=\frac{C\times\{(1+0.04)^5-1\}}{0.04}$$

これを解いて、$C=184{,}627$円

例3 毎年の終わりに5万円ずつ入金し、年利率3%で運用して100万円受け取るには、何年間運用しなければならないか。

解 $$1{,}000{,}000=\frac{50{,}000\times\{(1+0.03)^n-1\}}{0.03}$$

$$n=\log_{1.03}1.6=\frac{\log_{10}1.6}{\log_{10}1.03}=15.900631\quad 16\text{年}$$

←5【2】常用対数

例4 毎年の終わりに10万円ずつ入金し、9年後に100万円受け取るには、年利率何%で運用する必要があるか。

解 $$1{,}000{,}000=\frac{100{,}000\times\{(1+r)^9-1\}}{r}$$

関数電卓または表計算ソフトを用いて解いて、

$r=0.02612161\cdots\quad 2.61\%$

34 年金の現在価値（期初受取り）

35【1】年金の現在価値（期末受取り）

25【2】キャッシュフローの現在価値

8【2】等比数列の和

【1】複利法による年金の現在価値（期初受取りの場合）

$$PV = C + \frac{C}{1+r} + \frac{C}{(1+r)^2} + \cdots\cdots + \frac{C}{(1+r)^{n-1}}$$

$$= \frac{C\{(1+r)^n - 1\}}{r(1+r)^{n-1}}$$

PV：現在価値　　C：毎年の受取り額

n：年数　　r：年利率

POINT

C は、1年目の初めに受け取る額の現在価値を表します。同様に、$\frac{C}{1+r}$ は2年目、……、$\frac{C}{(1+r)^{n-1}}$ は n 年目の初めに受け取る額の現在価値です。2番目の式は、等比数列の和の公式を用いて簡単にしたものです。

〈参考：単利法での年金の現在価値（期初受取りの場合）〉

一般的には用いられませんが、単利法で年金の将来価値を計算すると、次のようになります。

$$PV = C + \frac{C}{1+r} + \frac{C}{1+2r} + \cdots\cdots + \frac{C}{1+(n-1)r}$$

将来価値の式と違い、等差数列の和にはなりません。

例1 5年間にわたり、毎年の初めに8万円ずつ引き出すためには、初めにいくら入金すればよいか。年利率は3%とする。

解 $80{,}000+\frac{80{,}000}{1+0.03}+\frac{80{,}000}{(1+0.03)^2}+\frac{80{,}000}{(1+0.03)^3}+\frac{80{,}000}{(1+0.03)^4}$

$=\frac{80{,}000\times\{(1+0.03)^5-1\}}{0.03\times(1+0.03)^{5-1}}=377{,}368$円

←【1】の活用

例2 100万円を5年間で取り崩す場合に、年利率4%で運用して毎年の初めにいくらずつ受け取れるか。

解 $1{,}000{,}000=\frac{C\times\{(1+0.04)^5-1\}}{0.04\times(1+0.04)^{5-1}}$

これを解いて、$C=215{,}988$円

例3 200万円の口座から毎年の初めに20万円ずつ受け取るとする。年利率を5%として、何年間にわたって受け取れるか。

解 $2{,}000{,}000=\frac{200{,}000\times\{(1+0.05)^n-1\}}{0.05\times(1+0.05)^{n-1}}$

←5【2】常用対数

整理すると　$0.5\times1.05^{n-1}=1.05^n-1$

両辺を 1.05^n で割ると　$0.5\times\frac{1}{1.05}=1-\frac{1}{1.05^n}$

$1.05^n=1.91$

$n=\log_{1.05}1.91=\frac{\log_{10}1.91}{\log_{10}1.05}=13.253227\cdots$　13年

例4 300万円の口座から40年間にわたって毎年の初めに10万円ずつ受け取るためには、年利率何%で運用する必要があるか。

解 $3{,}000{,}000=\frac{100{,}000\times\{(1+r)^{40}-1\}}{r\times(1+r)^{40-1}}$

関数電卓または表計算ソフトを用いて解いて、

$r=0.0157016\cdots$　1.57%

参考 この項目における表計算ソフトの利用法については、115ページの「**巻末資料 Excel 関数の利用法**」を参照してください。

35 年金の現在価値（期末受取り）

【1】複利法による年金の現在価値（期末受取りの場合）

34【1】年金の現在価値（期初受取り）

$$PV = \frac{C}{1+r} + \frac{C}{(1+r)^2} + \cdots\cdots + \frac{C}{(1+r)^n}$$

$$= \frac{C\{(1+r)^n - 1\}}{r(1+r)^n}$$

PV：現在価値　　C：毎年の受取り額

n：年数　　r：年利率

25【2】キャッシュフローの現在価値

POINT

Cは、1年目の終わりに受け取る額の現在価値を表します。同様に、$\frac{C}{1+r}$は2年目、……、$\frac{C}{(1+r)^{n-1}}$はn年目の終わりに受け取る額の現在価値です。2番目の式は、等比数列の和の公式を用いて簡単にしたものです。

8【2】等比数列の和

〈参考：単利法での年金の現在価値（期末受取りの場合）〉

一般的には用いられませんが、単利法で年金の将来価値を計算すると、次のようになります。

$$PV = \frac{C}{1+r} + \frac{C}{1+2r} + \cdots\cdots + \frac{C}{1+nr}$$

将来価値の式と違い、等差数列の和にはなりません。

例1 5年間にわたり、毎年の終わりに8万円ずつ引き出すためには、初めにいくら入金すればよいか。年利率は3%とする。

解 $\frac{80,000}{1+0.03}+\frac{80,000}{(1+0.03)^2}+\frac{80,000}{(1+0.03)^3}$

$+\frac{80,000}{(1+0.03)^4}+\frac{80,000}{(1+0.03)^5}$

$=\frac{80,000\times\{(1+0.03)^5-1\}}{0.03\times(1+0.03)^5}=366,377$円

【1】の活用

例2 100万円を5年間で取り崩す場合に、年利率4%で運用して毎年の終わりにいくらずつ受け取れるか。

解 $1,000,000=\frac{C\times\{(1+0.04)^5-1\}}{0.04\times(1+0.04)^5}$

これを解いて、$C=224,627$円

例3 200万円の口座から毎年の終わりに20万円ずつ受け取るとする。年利率を5%として、何年間にわたって受け取れるか。

解 $2,000,000=\frac{200,000\times\{(1+0.05)^n-1\}}{0.05\times(1+0.05)^n}$

$n=\log_{1.05}2=\frac{\log_{10}2}{\log_{10}1.05}=14.206699\cdots$　14年

5【2】常用対数

例4 300万円の口座から40年間にわたって毎年の終わりに10万円ずつ受け取るためには、年利率何%で運用する必要があるか。

解 $3,000,000=\frac{100,000\times\{(1+r)^{40}-1\}}{r\times(1+r)^{40}}$

関数電卓または表計算ソフトを用いて解いて、

$r=0.0148462\cdots$　1.48%

参考 この項目における表計算ソフトの利用法については、116ページの「**巻末資料 Excel 関数の利用法**」を参照してください。

36 年金終価係数

38 減債基金係数 ↔

【1】年金終価係数

$FV = C \times$ 年金終価係数

FV：将来価値（元利合計）　C：毎年の積立て額

POINT

年金終価係数とは、毎年一定額を積み立てた際の元利合計額が、積立て額の何倍になるかを示す係数です。

32 年金の将来価値（期初積立て）→

【2】期初積立ての場合の年金終価係数

$$\text{年金終価係数} = (1+r)^n + (1+r)^{n-1} + \cdots\cdots + (1+r) = \frac{(1+r)^{n+1} - (1+r)}{r}$$

n：年数　r：年利率

POINT

この年金終価係数に C（毎年の積立て額）を掛けると、**32**【1】の「年金の将来価値（期初積立ての場合）」に一致することがわかります。

33 年金の将来価値（期末積立て）→

【3】期末積立ての場合の年金終価係数

$$\text{年金終価係数} = (1+r)^{n-1} + (1+r)^{n-2} + \cdots\cdots + (1+r) + 1 = \frac{(1+r)^n - 1}{r}$$

n：年数　r：年利率

POINT

この年金終価係数に C（毎年の積立て額）を掛けると、**33**【1】の「年金の将来価値（期末積立ての場合）」に一致することがわかります。

例1 毎年の初めに５万円ずつ入金し、年利率3％で運用するときの20年後の将来価値を、年金終価係数表を用いて求めなさい。

解 年金終価係数表（期初払い）より、年数20年、年利率3％の年金終価係数は、27.6765

よって、$FV=50{,}000\times27.6765=1{,}383{,}825$円

例2 毎年の終わりに３万円ずつ入金し、年利率2％で運用するときの15年後の将来価値を、年金終価係数表を用いて求めなさい。

解 年金終価係数表（期末払い）より、年数15年、年利率2％の年金終価係数は、17.2934

よって、$FV=30{,}000\times17.2934=518{,}802$円

例3 ５年間にわたって、毎年の初めに一定金額を入金し、年利率3％で運用する場合の年金終価係数を求めなさい。

解 $(1+0.03)^5+(1+0.03)^4+(1+0.03)^3+(1+0.03)^2+(1+0.03)$

$$=\frac{\{(1+0.03)^{5+1}-(1+0.03)\}}{0.03}=5.4684$$

例4 ５年間にわたって、毎年の終わりに一定金額を入金し、年利率3％で運用する場合の年金終価係数を求めなさい。

解 $(1+0.03)^4+(1+0.03)^3+(1+0.03)^2+(1+0.03)+1$

$$=\frac{(1+0.03)^5-1}{0.03}=5.3091$$

【1】の活用

40 年金終価係数表

【2】の活用

【3】の活用

37 年金現価係数

39 資本回収係数 ↔

【1】年金現価係数

$PV = C \times$ 年金現価係数

PV：年金原資　C：毎年の年金額

POINT

年金現価係数とは、毎年一定額を受け取る場合の受取り額合計の現在価値が、毎年の受取り額の何倍になるかを示す係数です。

【2】期初受取りの場合の年金現価係数

34 年金の現在価値（期初受取り）→

$$年金現価係数 = 1 + \frac{1}{1+r} + \frac{1}{(1+r)^2} + \cdots\cdots + \frac{1}{(1+r)^{n-1}}$$

$$= \frac{(1+r)^n - 1}{r(1+r)^{n-1}}$$

n：年数　r：年利率

POINT

この年金現価係数に C（毎年の受取り額）を掛けると、**34【1】**の「複利法による年金の現在価値（期初受取りの場合）」に一致することがわかります。

【3】期末受取りの場合の年金現価係数

35 年金の現在価値（期末受取り）→

$$年金現価係数 = \frac{1}{1+r} + \frac{1}{(1+r)^2} + \cdots\cdots + \frac{1}{(1+r)^n}$$

$$= \frac{(1+r)^n - 1}{r(1+r)^n}$$

n：年数　r：年利率

POINT

この年金現価係数に C（毎年の受取り額）を掛けると、**35【1】**の「複利法による年金の現在価値（期末受取りの場合）」に一致することがわかります。

例1 20年間にわたり、毎年の初めに5万円ずつ引き出すためには、初めにいくら入金すればよいか、年金現価係数表を用いて求めなさい。年利率は3%とする。

解 年金現価係数表（期初受取り）より、年数20年、年利率3%の年金現価係数は、15.3238

よって、$PV=50{,}000\times15.3238=766{,}190$円

【1】の活用

例2 15年間にわたり、毎年の終わりに3万円ずつ引き出すためには、初めにいくら入金すればよいか、年金現価係数表を用いて求めなさい。年利率は2%とする。

解 年金現価係数表（期末受取り）より、年数15年、年利率2%の年金現価係数は、12.8493

よって、$PV=30{,}000\times12.8493=385{,}479$円

40 年金現価係数表

例3 5年間にわたり、毎年の初めに一定額を引き出す場合の年金現価係数を求めなさい。年利率は3%とする。

解 $$1+\frac{1}{1+0.03}+\frac{1}{(1+0.03)^2}+\cdots\cdots+\frac{1}{(1+0.03)^{n-1}}$$

$$=\frac{(1+0.03)^5-1}{0.03\times(1+0.03)^{5-1}}=4.7171$$

【2】の活用

例4 5年間にわたり、毎年の終わりに一定額を引き出す場合の年金現価係数を求めなさい。年利率は3%とする。

解 $$\frac{1}{1+0.03}+\frac{1}{(1+0.03)^2}+\cdots\cdots+\frac{1}{(1+0.03)^n}$$

$$=\frac{(1+0.03)^5-1}{0.03\times(1+0.03)^5}=4.5797$$

【3】の活用

38 減債基金係数

36 年金終価係数

【1】減債基金係数

C ＝ FV × 減債基金係数

FV：将来価値（元利合計）　　C：毎年の年金額

POINT

将来、ある金額を得るためには毎年どれだけ積み立てればよいかを求めるのに用います。年金終価係数とは逆数の関係になります。

$$\text{減債基金係数} = \frac{1}{\text{年金終価係数}}$$

32 年金の将来価値（期初積立て）

【2】期初積立ての場合の減債基金係数

$$\text{減債基金係数} = \frac{r}{(1+r)^{n+1}-(1+r)}$$

POINT

$$FV = C \times \frac{(1+r)^{n+1}-(1+r)}{r}$$

より導かれます。

33 年金の将来価値（期末積立て）

【3】期末積立ての場合の減債基金係数

$$\text{減債基金係数} = \frac{r}{(1+r)^{n}-1}$$

POINT

$$FV = C \times \frac{(1+r)^{n}-1}{r}$$

より導かれます。

例1 毎年の初めに一定金額を入金して年利率3%で運用し、20年後に500万円を受け取るには、毎年いくらずつ入金する必要があるか。減債基金係数を用いて求めなさい。

解 減債基金係数表（期初払い）より、年数20年、年利率3%の減債基金係数は、0.0361

よって、$C=5{,}000{,}000\times0.0361=180{,}500$円

【1】の活用

例2 毎年の終わりに一定金額を入金して年利率2%で運用し、15年後に300万円を受け取るには、毎年いくらずつ入金する必要があるか。減債基金係数を用いて求めなさい。

解 減債基金係数表（期末払い）より、年数15年、年利率2%の減債基金係数は、0.0578

よって、$C=3{,}000{,}000\times0.0578=173{,}400$円

41 減債基金係数表

例3 5年間にわたって、毎年の初めに一定金額を入金し、年利率3%で運用する場合の減債基金係数を求めなさい。

解 $\dfrac{0.03}{(1+0.03)^{5+1}-(1+0.03)}=0.1829$

【2】の活用

例4 5年間にわたって、毎年の終わりに一定金額を入金し、年利率3%で運用する場合の減債基金係数を求めなさい。

解 $\dfrac{0.03}{(1+0.03)^{5}-1}=0.1884$

【3】の活用

39 資本回収係数

【1】資本回収係数

37 年金現価係数 ↔

$C = PV \times$ 資本回収係数

PV：年金原資　　C：毎年の年金額

POINT

一定の金額を一定期間で取り崩す場合に、毎年いくら受け取れるかを求める際に用います。年金現価係数とは逆数の関係になります。

$$資本回収係数 = \frac{1}{年金現価係数}$$

【2】期初受取りの場合の資本回収係数

34 年金の現在価値（期初受取り）→

$$資本回収係数 = \frac{r(1+r)^{n-1}}{(1+r)^n - 1}$$

POINT

$PV = C \times \frac{(1+r)^n - 1}{r(1+r)^{n-1}}$ より導かれます。

【3】期末受取りの場合の資本回収係数

35 年金の現在価値（期末受取り）→

$$資本回収係数 = \frac{r(1+r)^n}{(1+r)^n - 1}$$

POINT

$PV = C \times \frac{(1+r)^n - 1}{r(1+r)^n}$ より導かれます。

例1 500万円を20年間で取り崩す場合に、年利率3%で運用して毎年の初めにいくらずつ受け取れるか。資本回収係数表を用いて求めなさい。

解 資本回収係数表（期初受取り）より、年数20年、年利率3%の資本回収係数は、0.0653

よって、$PV=5{,}000{,}000\times0.0653=326{,}500$円

【1】の活用

例2 300万円を15年間で取り崩す場合に、年利率2%で運用して毎年の終わりにいくらずつ受け取れるか。資本回収係数表を用いて求めなさい。

解 資本回収係数表（期末受取り）より、年数15年、年利率2%の資本回収係数は、0.0778

よって、$PV=3{,}000{,}000\times0.0778=233{,}400$円

41 資本回収係数表

例3 5年間にわたり、毎年の初めに一定額を引き出す場合の資本回収係数を求めなさい。年利率は3%とする。

解 $$\frac{0.03\times(1+0.03)^{5-1}}{(1+0.03)^5-1}=0.2120$$

【2】の活用

例4 5年間にわたり、毎年の終わりに一定額を引き出す場合の資本回収係数を求めなさい。年利率は3%とする。

解 $$\frac{0.03\times(1+0.03)^5}{(1+0.03)^5-1}=0.2184$$

【3】の活用

40 （付録） 年金終価係数表と年金現価係数表

36 年金終価係数 →

○ 年金終価係数表（期初払い）

n ＼ r	1%	2%	3%	4%	5%	6%
1	1.0100	1.0200	1.0300	1.0400	1.0500	1.0600
2	2.0301	2.0604	2.0909	2.1216	2.1525	2.1836
3	3.0604	3.1216	3.1836	3.2465	3.3101	3.3746
4	4.1010	4.2040	4.3091	4.4163	4.5256	4.6371
5	5.1520	5.3081	5.4684	5.6330	5.8019	5.9753
6	6.2135	6.4343	6.6625	6.8983	7.1420	7.3938
7	7.2857	7.5830	7.8923	8.2142	8.5491	8.8975
8	8.3685	8.7546	9.1591	9.5828	10.0266	10.4913
9	9.4622	9.9497	10.4639	11.0061	11.5779	12.1808
10	10.5668	11.1687	11.8078	12.4864	13.2068	13.9716
11	11.6825	12.4121	13.1920	14.0258	14.9171	15.8699
12	12.8093	13.6803	14.6178	15.6268	16.7130	17.8821
13	13.9474	14.9739	16.0863	17.2919	18.5986	20.0151
14	15.0969	16.2934	17.5989	19.0236	20.5786	22.2760
15	16.2579	17.6393	19.1569	20.8245	22.6575	24.6725
20	22.2392	24.7833	27.6765	30.9692	34.7193	38.9927
25	28.5256	32.6709	37.5530	43.3117	50.1135	58.1564
30	35.1327	41.3794	49.0027	58.3283	69.7608	83.8017
35	42.0769	50.9944	62.2759	76.5983	94.8363	118.1209

○ 年金終価係数表（期末払い）

n ＼ r	1%	2%	3%	4%	5%	6%
1	1.0000	1.0000	1.0000	1.0000	1.0000	1.0000
2	2.0100	2.0200	2.0300	2.0400	2.0500	2.0600
3	3.0301	3.0604	3.0909	3.1216	3.1525	3.1836
4	4.0604	4.1216	4.1836	4.2465	4.3101	4.3746
5	5.1010	5.2040	5.3091	5.4163	5.5256	5.6371
6	6.1520	6.3081	6.4684	6.6330	6.8019	6.9753
7	7.2135	7.4343	7.6625	7.8983	8.1420	8.3938
8	8.2857	8.5830	8.8923	9.2142	9.5491	9.8975
9	9.3685	9.7546	10.1591	10.5828	11.0266	11.4913
10	10.4622	10.9497	11.4639	12.0061	12.5779	13.1808
11	11.5668	12.1687	12.8078	13.4864	14.2068	14.9716
12	12.6825	13.4121	14.1920	15.0258	15.9171	16.8699
13	13.8093	14.6803	15.6178	16.6268	17.7130	18.8821
14	14.9474	15.9739	17.0863	18.2919	19.5986	21.0151
15	16.0969	17.2934	18.5989	20.0236	21.5786	23.2760
20	22.0190	24.2974	26.8704	29.7781	33.0660	36.7856
25	28.2432	32.0303	36.4593	41.6459	47.7271	54.8645
30	34.7849	40.5681	47.5754	56.0849	66.4388	79.0582
35	41.6603	49.9945	60.4621	73.6522	90.3203	111.4348

37 年金現価係数

○ 年金現価係数表（期初受取り）

n \ r	1%	2%	3%	4%	5%	6%
1	1.0000	1.0000	1.0000	1.0000	1.0000	1.0000
2	1.9901	1.9804	1.9709	1.9615	1.9524	1.9434
3	2.9704	2.9416	2.9135	2.8861	2.8594	2.8334
4	3.9410	3.8839	3.8286	3.7751	3.7232	3.6730
5	4.9020	4.8077	4.7171	4.6299	4.5460	4.4651
6	5.8534	5.7135	5.5797	5.4518	5.3295	5.2124
7	6.7955	6.6014	6.4172	6.2421	6.0757	5.9173
8	7.7282	7.4720	7.2303	7.0021	6.7864	6.5824
9	8.6517	8.3255	8.0197	7.7327	7.4632	7.2098
10	9.5660	9.1622	8.7861	8.4353	8.1078	7.8017
11	10.4713	9.9826	9.5302	9.1109	8.7217	8.3601
12	11.3676	10.7868	10.2526	9.7605	9.3064	8.8869
13	12.2551	11.5753	10.9540	10.3851	9.8633	9.3838
14	13.1337	12.3484	11.6350	10.9856	10.3936	9.8527
15	14.0037	13.1062	12.2961	11.5631	10.8986	10.2950
20	18.2260	16.6785	15.3238	14.1339	13.0853	12.1581
25	22.2434	19.9139	17.9355	16.2470	14.7986	13.5504
30	26.0658	22.8444	20.1885	17.9837	16.1411	14.5907
35	29.7027	25.4986	22.1318	19.4112	17.1929	15.3681

○ 年金現価係数表（期末受取り）

n \ r	1%	2%	3%	4%	5%	6%
1	0.9901	0.9804	0.9709	0.9615	0.9524	0.9434
2	1.9704	1.9416	1.9135	1.8861	1.8594	1.8334
3	2.9410	2.8839	2.8286	2.7751	2.7232	2.6730
4	3.9020	3.8077	3.7171	3.6299	3.5460	3.4651
5	4.8534	4.7135	4.5797	4.4518	4.3295	4.2124
6	5.7955	5.6014	5.4172	5.2421	5.0757	4.9173
7	6.7282	6.4720	6.2303	6.0021	5.7864	5.5824
8	7.6517	7.3255	7.0197	6.7327	6.4632	6.2098
9	8.5660	8.1622	7.7861	7.4353	7.1078	6.8017
10	9.4713	8.9826	8.5302	8.1109	7.7217	7.3601
11	10.3676	9.7868	9.2526	8.7605	8.3064	7.8869
12	11.2551	10.5753	9.9540	9.3851	8.8633	8.3838
13	12.1337	11.3484	10.6350	9.9856	9.3936	8.8527
14	13.0037	12.1062	11.2961	10.5631	9.8986	9.2950
15	13.8651	12.8493	11.9379	11.1184	10.3797	9.7122
20	18.0456	16.3514	14.8775	13.5903	12.4622	11.4699
25	22.0232	19.5235	17.4131	15.6221	14.0939	12.7834
30	25.8077	22.3965	19.6004	17.2920	15.3725	13.7648
35	29.4086	24.9986	21.4872	18.6646	16.3742	14.4982

41 （付録） 減債基金係数表と資本回収係数表

38 減債基金係数 →

○ 減債基金係数表（期初払い）

n＼r	1%	2%	3%	4%	5%	6%
1	0.9901	0.9804	0.9709	0.9615	0.9524	0.9434
2	0.4926	0.4853	0.4783	0.4713	0.4646	0.4580
3	0.3268	0.3203	0.3141	0.3080	0.3021	0.2963
4	0.2438	0.2379	0.2321	0.2264	0.2210	0.2157
5	0.1941	0.1884	0.1829	0.1775	0.1724	0.1674
6	0.1609	0.1554	0.1501	0.1450	0.1400	0.1352
7	0.1373	0.1319	0.1267	0.1217	0.1170	0.1124
8	0.1195	0.1142	0.1092	0.1044	0.0997	0.0953
9	0.1057	0.1005	0.0956	0.0909	0.0864	0.0821
10	0.0946	0.0895	0.0847	0.0801	0.0757	0.0716
11	0.0856	0.0806	0.0758	0.0713	0.0670	0.0630
12	0.0781	0.0731	0.0684	0.0640	0.0598	0.0559
13	0.0717	0.0668	0.0622	0.0578	0.0538	0.0500
14	0.0662	0.0614	0.0568	0.0526	0.0486	0.0449
15	0.0615	0.0567	0.0522	0.0480	0.0441	0.0405
20	0.0450	0.0403	0.0361	0.0323	0.0288	0.0256
25	0.0351	0.0306	0.0266	0.0231	0.0200	0.0172
30	0.0285	0.0242	0.0204	0.0171	0.0143	0.0119
35	0.0238	0.0196	0.0161	0.0131	0.0105	0.0085

○ 減債基金係数表（期末払い）

n＼r	1%	2%	3%	4%	5%	6%
1	1.0000	1.0000	1.0000	1.0000	1.0000	1.0000
2	0.4975	0.4950	0.4926	0.4902	0.4878	0.4854
3	0.3300	0.3268	0.3235	0.3203	0.3172	0.3141
4	0.2463	0.2426	0.2390	0.2355	0.2320	0.2286
5	0.1960	0.1922	0.1884	0.1846	0.1810	0.1774
6	0.1625	0.1585	0.1546	0.1508	0.1470	0.1434
7	0.1386	0.1345	0.1305	0.1266	0.1228	0.1191
8	0.1207	0.1165	0.1125	0.1085	0.1047	0.1010
9	0.1067	0.1025	0.0984	0.0945	0.0907	0.0870
10	0.0956	0.0913	0.0872	0.0833	0.0795	0.0759
11	0.0865	0.0822	0.0781	0.0741	0.0704	0.0668
12	0.0788	0.0746	0.0705	0.0666	0.0628	0.0593
13	0.0724	0.0681	0.0640	0.0601	0.0565	0.0530
14	0.0669	0.0626	0.0585	0.0547	0.0510	0.0476
15	0.0621	0.0578	0.0538	0.0499	0.0463	0.0430
20	0.0454	0.0412	0.0372	0.0336	0.0302	0.0272
25	0.0354	0.0312	0.0274	0.0240	0.0210	0.0182
30	0.0287	0.0246	0.0210	0.0178	0.0151	0.0126
35	0.0240	0.0200	0.0165	0.0136	0.0111	0.0090

39 資本回収係数

○ 資本回収係数表（期初受取り）

n＼r	1%	2%	3%	4%	5%	6%
1	1.0000	1.0000	1.0000	1.0000	1.0000	1.0000
2	0.5025	0.5050	0.5074	0.5098	0.5122	0.5146
3	0.3367	0.3400	0.3432	0.3465	0.3497	0.3529
4	0.2537	0.2575	0.2612	0.2649	0.2686	0.2723
5	0.2040	0.2080	0.2120	0.2160	0.2200	0.2240
6	0.1708	0.1750	0.1792	0.1834	0.1876	0.1919
7	0.1472	0.1515	0.1558	0.1602	0.1646	0.1690
8	0.1294	0.1338	0.1383	0.1428	0.1474	0.1519
9	0.1156	0.1201	0.1247	0.1293	0.1340	0.1387
10	0.1045	0.1091	0.1138	0.1185	0.1233	0.1282
11	0.0955	0.1002	0.1049	0.1098	0.1147	0.1196
12	0.0880	0.0927	0.0975	0.1025	0.1075	0.1125
13	0.0816	0.0864	0.0913	0.0963	0.1014	0.1066
14	0.0761	0.0810	0.0859	0.0910	0.0962	0.1015
15	0.0714	0.0763	0.0813	0.0865	0.0918	0.0971
20	0.0549	0.0600	0.0653	0.0708	0.0764	0.0822
25	0.0450	0.0502	0.0558	0.0615	0.0676	0.0738
30	0.0384	0.0438	0.0495	0.0556	0.0620	0.0685
35	0.0337	0.0392	0.0452	0.0515	0.0582	0.0651

○ 資本回収係数表（期末受取り）

n＼r	1%	2%	3%	4%	5%	6%
1	1.0100	1.0200	1.0300	1.0400	1.0500	1.0600
2	0.5075	0.5150	0.5226	0.5302	0.5378	0.5454
3	0.3400	0.3468	0.3535	0.3603	0.3672	0.3741
4	0.2563	0.2626	0.2690	0.2755	0.2820	0.2886
5	0.2060	0.2122	0.2184	0.2246	0.2310	0.2374
6	0.1725	0.1785	0.1846	0.1908	0.1970	0.2034
7	0.1486	0.1545	0.1605	0.1666	0.1728	0.1791
8	0.1307	0.1365	0.1425	0.1485	0.1547	0.1610
9	0.1167	0.1225	0.1284	0.1345	0.1407	0.1470
10	0.1056	0.1113	0.1172	0.1233	0.1295	0.1359
11	0.0965	0.1022	0.1081	0.1141	0.1204	0.1268
12	0.0888	0.0946	0.1005	0.1066	0.1128	0.1193
13	0.0824	0.0881	0.0940	0.1001	0.1065	0.1130
14	0.0769	0.0826	0.0885	0.0947	0.1010	0.1076
15	0.0721	0.0778	0.0838	0.0899	0.0963	0.1030
20	0.0554	0.0612	0.0672	0.0736	0.0802	0.0872
25	0.0454	0.0512	0.0574	0.0640	0.0710	0.0782
30	0.0387	0.0446	0.0510	0.0578	0.0651	0.0726
35	0.0340	0.0400	0.0465	0.0536	0.0611	0.0690

第5章

投資・運用パフォーマンスの測定

42 リターン（収益率）

【1】リターン（収益率）

20 単利と複利 ↔

$$リターン = \frac{投資収益額}{期初資産総額}$$

POINT

リターンは、1カ月、1年といった投資期間中に達成された収益の、資産総額に対する割合を示します。

【2】実現損益のみを収益とみなす場合のリターン

$$リターン = \frac{期中利息・配当金＋期中売買損益・償還損益}{期初資産総額}$$

POINT

発生した時点で、受け取ることが確定する収益を実現損益といい、主に以下のものがあります。

- 株式の配当金や債券の利息（インカム・ゲインという）
- 有価証券の売却や償還の際に発生する損益（キャピタル・ゲインという）

実現損益のみを収益とみなす場合のリターンは実現利回りとも呼ばれ、分母に期中の平均残高を用いることもあります。

【3】時価変動の影響のみを収益とみなす場合のリターン

$$リターン = \frac{期末資産総額－期初資産総額}{期初資産総額}$$

$$= \frac{期末資産総額}{期初資産総額} - 1$$

POINT

利息や配当金がなく、期中の資産総額の出入りもない場合は、リターンは上記の式で計算できます。

例1 100万円を債券に投資し、1年間に6万円の利息収益を得たとき、この1年間のリターン（収益率）を求めなさい。

解 リターン $= \dfrac{60{,}000}{1{,}000{,}000} = 6.00\%$

【1】の活用

例2 100万円を株式に投資したところ、1年後に120万円に値上がりしたので、この株式を売却した。また、1年間に配当金1万円を得た。この1年間のリターン（収益率）を求めなさい。

解 配当金 = 10,000、売却益 = 1,200,000－1,000,000 = 200,000

よって、

$$リターン = \frac{10{,}000 + 200{,}000}{1{,}000{,}000} = 21.00\%$$

【2】の活用

例3 時価総額135万円の株式を6カ月間保有し続けたところ、6カ月後には126万円に値下がりした。この6カ月間のリターン（収益率）を求めなさい。

解 $\dfrac{1{,}260{,}000 - 1{,}350{,}000}{1{,}350{,}000} = -6.67\%$

【3】の活用

参考 実際には、以下のように計算するほうが簡単です。

$$\frac{1{,}260{,}000}{1{,}350{,}000} - 1 = -6.67\%$$

43 リターンの単利と複利

42 リターン（収益率）→

【1】単利による複数期間のリターン

n 個の期間の単利リターン ＝ $r_1+r_2+r_3+\cdots\cdots+r_n$

n：期間数　　$r_1,\ r_2,\ \cdots\cdots,\ r_n$：各期のリターン

20【1】単利計算 →

POINT

各期のリターンを単純に合計したもので、計算は簡単ですが厳密でないため通常は用いられません。

【2】複利による複数期間のリターン

20【2】複利計算 →

n 個の期間の複利リターン ＝

$(1+r_1)(1+r_2)(1+r_3)\cdots\cdots(1+r_n)-1$

n：期間数　　$r_1,\ r_2,\ \cdots\cdots,\ r_n$：各期のリターン

POINT

1を足して掛け合わせていくこの計算方法を「幾何リンク」といいます。

幾何リンクの式は、**20**【2】の複利計算による資産総額の推移の考え方に基づいています。

当初の投資金額を1とすると、

1年後の資産総額は、$1+r_1$

2年後の資産総額は、$(1+r_1)(1+r_2)$

n 年後の資産総額は、$(1+r_1)(1+r_2)(1+r_3)\cdots(1+r_n)$

よって、

$$n\text{ 期のリターン} = \frac{n\text{ 期後の資産総額}}{\text{当初の資産総額}}-1$$

$$= (1+r_1)(1+r_2)(1+r_3)\cdots\cdots(1+r_n)-1$$

例1 1年目、2年目、3年目のリターンがそれぞれ1%、3%、5%である場合の3年間のリターンを単利で求めなさい。

解 単利リターン ＝ 1+3+5 ＝ 9.00%

【1】の活用

参考 100万円を運用し、年利率（単利）が1年目1%、2年目3%、3年目5%とします。

1年目の利息は、1,000,000×0.01 ＝ 10,000円

2年目の利息は、1,000,000×0.03 ＝ 30,000円

3年目の利息は、1,000,000×0.05 ＝ 50,000円

よって、3年間のリターンは、

$$\frac{10{,}000+30{,}000+50{,}000}{1{,}000{,}000} = 9.00\%$$

このような単利による資産総額と利息の計算は同じことを意味しています。

例2 1年目、2年目、3年目のリターンがそれぞれ1%、3%、5%である場合の3年間のリターンを複利で求めなさい。

解 複利リターン ＝ (1+0.01)×(1+0.03)×(1+0.05)−1 ＝ 9.23%

【2】の活用

参考 1万円を運用し、年利率（単利）が1年目1%、2年目3%、3年目5%とします。

1年後の資産総額は、1,000,000×1.01 ＝ 1,010,000円

2年後の資産総額は、1,010,000×1.03 ＝ 1,040,300円

3年後の資産総額は、1,040,300×1.05 ＝ 1,092,315円

よって、3年間のリターンは、

$$\frac{1{,}092{,}315}{1{,}000{,}000} - 1 = 9.23\%$$

このような複利による資産総額と利息の計算は同じことを意味しています。

44 リターンの算術平均と幾何平均

12 【1】算術平均 →

13 【2】確率変数の平均 →

12 【2】幾何平均 →

43 【2】複利による複数期間リターン →

【1】算術平均のリターン

$$\text{算術平均リターン} = \frac{r_1 + r_2 + r_3 + \cdots\cdots + r_n}{n}$$

n：期間数　　$r_1, r_2, \cdots\cdots, r_n$：各期のリターン

POINT

算術平均リターンは、過去の各期のリターンが将来同じ確率で起こると仮定した場合の期待値を表します。

【2】幾何平均のリターン

幾何平均リターン

$$= \sqrt[n]{(1+r_1)(1+r_2)(1+r_3)\cdots\cdots(1+r_n)} - 1$$

n：期間数　　$r_1, r_2, \cdots\cdots, r_n$：各期のリターン

POINT

幾何平均リターンは、過去の1期当りの平均リターンを正確に表しています。つまり、各期とも幾何平均リターンと同じであったと仮定すると、累積リターン（複利で計算した場合）は実際のリターンに一致します。

〈単純平均と幾何平均の比較〉

算術平均と幾何平均の間には、算術平均≧幾何平均の関係が成り立つことが知られています。各期のリターンが互いに等しい場合に等号が成立し、ばらつきが大きいほど幾何平均が算術平均を下回る度合いは大きくなります。

例1 1年目、2年目、3年目のリターンがそれぞれ1%、3%、5%である場合の算術平均リターンを求めなさい。

解 算術平均リターン $= \dfrac{1+3+5}{3} = 3.00\%$

【1】の活用

例2 1年目、2年目、3年目のリターンがそれぞれ1%、3%、5%である場合の幾何平均リターンを求めなさい。

解 幾何平均リターン $= \sqrt[3]{(1+0.01)\times(1+0.03)\times(1+0.05)}-1$
$= 2.99\%$

【2】の活用

例3 2年間の算術平均リターンが3%の例

1年目	2年目	算術平均	幾何平均
−7%	13%	3%	2.51%
−6%	12%	3%	2.61%
−5%	11%	3%	2.69%
−4%	10%	3%	2.76%
−3%	9%	3%	2.83%
−2%	8%	3%	2.88%
−1%	7%	3%	2.92%
0%	6%	3%	2.96%
1%	5%	3%	2.98%
2%	4%	3%	3.00%
3%	3%	3%	3.00%

45 リターンの年率換算

【1】単利による年率リターンの計算

44【1】算術平均のリターン →

①〈月数を用いる場合〉

n カ月間のリターンが r のとき、年率リターンは、

$$r \times \frac{12}{n}$$

②〈日数を用いる場合〉

n 日間のリターンが r のとき、年率リターンは、

$$r \times \frac{365}{n}$$

49 リスクの年率換算 ↔

POINT

1年を超えるリターンの場合に、各年のリターンを算術平均すると、上記の単利による年率リターンと同じになります。

【2】複利による年率リターンの計算

44【2】幾何平均のリターン →

①〈月数を用いる場合〉

n カ月間のリターンが r のとき、年率リターンは、

$$(1+r)^{\frac{12}{n}}-1$$

②〈日数を用いる場合〉

n 日間のリターンが r のとき、年率リターンは、

$$(1+r)^{\frac{365}{n}}-1$$

POINT

1年を超えるリターンの場合に、各年のリターンを幾何平均すると、上記の複利による年率リターンと同じになります。

例1 30カ月間のリターンが4.50%のとき、年率リターンを単利で求めなさい。

解 $4.50 \times \frac{12}{30} = 1.80\%$

【1】①の活用

例2 900日間のリターンが2.70%のとき、年率リターンを単利で求めなさい。

解 $2.70 \times \frac{365}{900} = 1.10\%$

【1】②の活用

例3 30カ月間のリターンが4.50%のとき、年率リターンを複利で求めなさい。

解 $(1+0.0450)^{\frac{12}{30}} - 1 = 1.0178 - 1 = 1.78\%$

【2】①の活用

例4 900日間のリターンが2.70%のとき、年率リターンを複利で求めなさい。

解 $(1+0.0270)^{\frac{365}{900}} - 1 = 1.0109 - 1 = 1.09\%$

【2】②の活用

参考 1日当りのリターンは$1.0270^{\frac{1}{900}} - 1$となるので、365日当りのリターンは、$(1.0270^{\frac{1}{900}})^{365} - 1 = 1.0270^{\frac{365}{900}} - 1$となります。

3【1】指数の性質②

46 時間加重収益率と金額加重収益率

42 リターン（収益率）→

【1】時間加重収益率

$$r = \frac{V_1}{V_0} \times \frac{V_2}{V_1 + C_1} \times \frac{V_3}{V_2 + C_2} \times \cdots\cdots \times \frac{V_n}{V_{n-1} + C_{n-1}} - 1$$

r：時間加重収益率　V_0：期初時価総額　V_n：期末時価総額
V_i：i 番目のキャッシュフローが発生する直前の時価総額
C_i：i 番目のキャッシュフローの金額

POINT

期中にキャッシュフローが発生した場合（資産総額の増減があった場合）には、その影響をリターン計算から除外する必要があります。

時間加重収益率は、キャッシュフローの発生ごとに期間を区切り、各期のリターンを幾何リンクした計算式になっています。

【2】金額加重収益率

26【1】内部収益率 ↔

$$V_n = V_0 \times (1+r)^n + C_1 \times (1+r)^{n-1} + C_2 \times (1+r)^{n-2} + \cdots\cdots + C_{n-1} \times (1+r)$$

r：金額加重収益率（期中幾何平均）
V_0：期初時価総額　　V_n：期末時価総額
C_i：i 期のキャッシュフローの金額

POINT

この計算式は、内部収益率と将来価値の関係式とまったく同じです。金額加重収益率とは、内部収益率の別名でもあるのです。

〈時間加重収益率と金額加重収益率の比較〉

時間加重収益率は、キャッシュフローの影響を除外しているのに対して、金額加重収益率は、資産総額が大きいときに高いリターンを得ると有利になり、資産総額が大きいときに低いリターンを得ると不利になる性質をもちます。

資産総額の大小は運用能力とは無関係であるため、運用の巧拙を測るには、時間加重収益率がふさわしいとされています。

例1 資産総額100万円で運用を開始したところ、1年後の資産総額は105万円になった。資産総額に50万円を追加して運用を続けたところ、2年後の資産総額は160万円になった。2年間のリターンを時間加重収益率で求めなさい。

解 $r = \frac{1{,}050{,}000}{1{,}000{,}000} \times \frac{1{,}600{,}000}{1{,}050{,}000 + 500{,}000} - 1 = 8.39\%$

参考 次のように考えても同じことがいえます。

1年目のリターンは、$\frac{1{,}050{,}000}{1{,}000{,}000} - 1 = 5.00\%$

2年目のリターンは、$\frac{1{,}600{,}000}{1{,}050{,}000 + 500{,}000} - 1 = 3.23\%$

2年間のリターンを幾何リンクで求めると、

$(1+0.0500) \times (1+0.0323) - 1 = 8.39\%$

例2 （例1）のとき、2年間のリターンを金額加重収益率で求めなさい。

解 金額加重収益率（年利率）をｒとすると、

$1{,}600{,}000 = 1{,}000{,}000 \times (1+r)^2 + 500{,}000 \times (1+r)$

$1+r = R$ として整理すると、

$10R^2 + 5R - 16 = 0$

$R = \frac{-5 \pm \sqrt{5^2 + 4 \times 10 \times 16}}{2 \times 10}$

$= 1.0394$、-1.5394

$r > -1$ と考えて、$r = 3.93\%$

よって、2年間のリターンは、$(1+r)^2 - 1 = 8.04\%$

参考 （例1）と（例2）の答えを比較すると、時間加重収益率のほうが高い数値になっています。このケースでは、1年目（5.00%）よりも資産総額追加後の2年目（3.23%）のほうが低いリターンであったことが金額加重収益率には不利に働いたと考えられます。

【1】の活用

【2】の活用

2【1】2次方程式

47 期待リターンとリスク

42 リターン（収益率）→
13 確率変数の平均値 →
15 【2】確率変数の標準偏差 →
11 【2】加重平均 →

【1】投資の期待リターン

期待リターン　$E(R) = \sum r_i p_i$
　p_i：リターン $R = r_i$ である確率

POINT

ある証券のリターンの期待値を、期待リターンといいます。確率変数の期待値をリターンに当てはめたものが、この式です。

【2】投資のリスク

リスク（標準偏差）$\sigma = \sqrt{E\{(R-E(R))^2\}}$
$= \sqrt{E(R^2)-\{E(R)\}^2}$
$= \sqrt{\sum r_i^2 p_i - (\sum r_i p_i)^2}$
　$E(R)$：リターンの平均値（期待リターン）
　p_i：リターン $R = r_i$ である確率

POINT

リターンのばらつきをリスクといい、通常は標準偏差を用います。確率変数の標準偏差を求める式を利用しています。

【3】ポートフォリオの期待リターン

ポートフォリオの期待リターン $= \sum w_i r_i$
　w_i：証券 A_i の投資比率　　r_i：証券 A_i の期待リターン

POINT

ポートフォリオの期待リターンは、各証券の期待リターンを証券の投資比率で加重平均した値になります。

〈正規分布に基づいたリスクの考え方〉
　標準正規分布表より、データが平均値 $\pm\sigma$ に入る確率は約68%（約3分の2）、平均値 $\pm 2\sigma$ に入る確率は約95%とわかります。リターンの場合に当てはめると、特に「実際のリターンが期待リターン ± 1 標準偏差に入る確率は約3分の2となる」は、広く知られている重要事項です。

例1 証券Aの今後1年間のリターンが、次のような確率で実現すると考えられるとき、期待リターンはいくらか。

リターン	確　率
2%	0.25
3%	0.5
4%	0.25

解 $2 \times 0.25 + 3 \times 0.5 + 4 \times 0.25 = 3.00\%$

←【1】の活用

例2 （例1）のとき、リスク（標準偏差）を求めなさい。

解 $\sqrt{2^2 \times 0.25 + 3^2 \times 0.5 + 4^2 \times 0.25 - 3.00^2} = 0.71\%$

←【2】の活用

例3 標準正規分布表を用いて、期待リターンが3%、リスクが1%のときにリターンが4%を上回る確率を求めなさい。

解 $\frac{4-3}{1} = 1$　標準正規分布表より K(1.00) = 0.1587

←18 正規分布

←19 標準正規分布表

例4 次のような2資産からなるポートフォリオの期待リターンを求めなさい。

資　産	期待リターン	投資比率
株　式	3%	0.6
債　券	1%	0.4

解 $3\% \times 0.6 + 1\% \times 0.4 = 2.20\%$

←【3】の活用

例5 次のような3銘柄からなる株式ポートフォリオの期待リターンを求めなさい。

銘　柄	期待リターン	投資比率
銘柄A	3%	0.3
銘柄B	1%	0.4
銘柄C	2%	0.3

解 $3\% \times 0.3 + 1\% \times 0.4 + 2\% \times 0.3 = 1.90\%$

48 ポートフォリオのリスク

17【3】確率変数の相関係数 →

47 期待リターンとリスク →

【1】2資産ポートフォリオのリスク

$$\sigma_P = \sqrt{w_A{}^2 \times \sigma_A{}^2 + w_B{}^2 \times \sigma_B{}^2 + 2 \times \rho_{AB} \times w_A \times w_B \times \sigma_A \times \sigma_B}$$

σ_P：ポートフォリオのリスク

w_A、w_B：資産A、Bの投資比率

σ_A、σ_B：資産A、Bのリスク

ρ_{AB}：資産Aと資産Bのリターンの相関係数

POINT

二つの確率変数X、Yと定数a、bに関する分散の法則（17【2】参照）と関連しています。

2資産のリターンが資産ごとのリターンの加重平均であるのに対して、通常は加重平均値よりも小さくなります。

17【2】確率変数の分散と共分散 →

【2】多資産のリスク

$$\sigma_P = \sqrt{(w_i{}^2 \sigma_i{}^2) + 2\sum(\rho_{ij} w_i w_j \sigma_i \sigma_j)}$$

σ_P：ポートフォリオのリスク

w_i：i番目の資産の投資比率　　σ_i：i番目の資産のリスク

ρ_{ij}：i番目とj番目の資産の相関係数

例　3資産の場合

$$\sigma_P = \sqrt{w_1^2\sigma_1^2 + w_2^2\sigma_2^2 + w_3^2\sigma_3^2 + 2\rho_{12}w_1w_2\sigma_1\sigma_2 + 2\rho_{13}w_1w_3\sigma_1\sigma_3 + 2\rho_{23}w_2w_3\sigma_2\sigma_3}$$

POINT

2資産の式を拡張したものです。

〈分散投資によるリスクの低減〉

投資する証券（資産や銘柄）の種類を増やすと（これを分散投資といいます）リスクが小さくなり、その度合いは証券間の相関係数に依存します。相関係数が1のときはリスク低減効果はまったくありませんが、相関係数が小さくなるにつれて効果は大きくなり、相関係数が −1の場合は、リスクをゼロにすることが可能になります。

例1 次のような2資産からなるポートフォリオのリターンとリスク（標準偏差）を求めなさい。株式と債券の相関係数は、−0.2とする。

資産	期待リターン	投資比率	標準偏差
株式	3%	0.6	4%
債券	1%	0.4	1%

解 ポートフォリオのリターン ＝ 3%×0.6＋1%×0.4 ＝ 2.20%

【1】の活用

ポートフォリオのリスク

$= \sqrt{0.6^2 \times 4^2 + 0.4^2 \times 1^2 + 2 \times (-0.2) \times 0.6 \times 0.4 \times 4 \times 1}$

$= 2.35\%$

例2 次のような3銘柄からなる株式ポートフォリオのリターンとリスク（標準偏差）を求めなさい。

銘柄	期待リターン	投資比率	標準偏差
銘柄A	3%	0.3	3%
銘柄B	1%	0.4	2%
銘柄C	2%	0.3	3%

（銘柄間の相関係数）

	A	B	C
A	1.0	0.2	−0.1
B	0.2	1.0	0.3
C	−0.1	0.3	1.0

解 ポートフォリオのリターン

【2】の活用

$= 3\% \times 0.3 + 1\% \times 0.4 + 2\% \times 0.3 = 1.90\%$

ポートフォリオの分散

$= 0.3^2 \times 3^2 + 0.4^2 \times 2^2 + 0.3^2 \times 3^2$

$+ 2 \times 0.2 \times 0.3 \times 0.4 \times 3 \times 2$

$+ 2 \times (-0.1) \times 0.3 \times 0.3 \times 3 \times 3$

$+ 2 \times 0.3 \times 0.4 \times 0.3 \times 2 \times 3$

$= 2.82\%^2$

よって、標準偏差は、$\sqrt{2.82} = 1.68\%$

参考 リターンの分散の単位は、$\%^2$（パーセント2乗）とするのが普通です。

49 リスクの年率換算

15【3】確率変数の分散の性質②→

【1】複数期間のリスク

① n 期間の分散 = 1 期間の分散 × n
② n 期間の標準偏差 = 1 期間の標準偏差 × $\sqrt{n}$

POINT

①のように、期間が n 倍になると分散が n 倍になる点については、以下のような分散の和に関する性質と関係しています。

$$V(X_1)+V(X_2)+\cdots\cdots+V(X_n)=V(X_1+X_2+\cdots\cdots+X_n)$$

（ただし、$X_1, X_2, \cdots\cdots, X_n$ は互いに独立とする）

確率変数 $X_1 \sim X_n$ を各期のリターンとして、その分散（左辺）が n 個とも同じであると仮定すると、n 期間の分散（右辺）は明らかにその n 倍になります。

標準偏差は分散の平方根なので、②式が導かれます。

【2】年率リスクの計算

45 リターンの年率換算↔

① 年率リスク（標準偏差）$= \dfrac{n\text{ 年間のリスク（標準偏差）}}{\sqrt{n}}$
② 年率リスク（標準偏差）= 1 カ月のリスク（標準偏差）× $\sqrt{12}$
③ 年率リスク（標準偏差）= 1 日のリスク（標準偏差）× $\sqrt{365}$
（平日のみを日数にカウントする場合は、1 年の日数を250日などと仮定し、1 日のリスク × $\sqrt{250}$ などで求める場合もある。）

POINT

リターンの場合は、年率リターン＝月率リターン×12（単利の場合）であるのに対して、リスクの場合は $\sqrt{12}$ 倍であることに注意が必要です。分散を用いる場合は【1】のとおり12倍でよいことになります。

〈リスクの年率換算と時間分散効果の関係〉
n 年間投資すると、リターンは n 倍になるのに対してリスクは $\sqrt{n}$ 倍にしかなりません。たとえば、1 年間のリターンを 1%、リスクを 1% とすると、4 年間ではリターン＝4%、リスク＝2% です。このように、投資期間を長くするとリスクは小さくなることを時間分散効果といいます。

例 1 月間リターンのリスク（分散）が$1\%^2$のポートフォリオに10カ月間投資する場合のリスク（分散）を求めなさい。

解 $1\%^2 \times 10 = 10\%^2$

【1】① の活用

例 2 年間リターンのリスク（標準偏差）が5%のポートフォリオに4年間投資する場合のリスク（標準偏差）を求めなさい。

解 $5\% \times \sqrt{4} = 10\%$

【1】② の活用

例 3 3年間のリスク（標準偏差）が10%のポートフォリオの年率リスク（標準偏差）を求めなさい。

解 $\dfrac{10\%}{\sqrt{3}} = 5.77\%$

【2】① の活用

例 4 日次リターンの標準偏差が0.15%のポートフォリオの年率リスク（標準偏差）を求めなさい。

解 $0.15\% \times \sqrt{365} = 2.87\%$

【2】③ の活用

例 5 下の月次リターン表をもとに、ポートフォリオの年率リスク（標準偏差）を求めなさい。

	リターン
1月	2%
2月	1%
3月	2%
4月	0%
5月	1%
6月	3%

解 月次リターンの平均値 $= \dfrac{2+1+2+0+1+3}{6} = 1.5\%$

【2】② の活用

標準偏差 $= \sqrt{\dfrac{2^2+1^2+2^2+0^2+1^2+3^2}{6} - 1.5^2} = 0.96$

14【2】標準偏差

年率リスク $= 0.96 \times \sqrt{12} = 3.32\%$

参考 6カ月分のデータだからといって、$\sqrt{6}$倍でないことに注意。月次リターンを用いた標準偏差を年率にするので、あくまで$\sqrt{12}$倍です。

50 アクティブ・リターンとアクティブ・リスク

42
リターン（収益率）→

【1】ベンチマークのリターン

$$ベンチマークのリターン = \frac{期末の指数 - 期初の指数}{期初の指数} = \frac{期末の指数}{期初の指数} - 1$$

POINT

運用評価の基準となる指標をベンチマークといいます。投資の対象が株式であれば、株式の指数（インデックス）と比較することが重要であり、この指数の伸び率をベンチマーク・リターンといいます。

【2】アクティブ・リターン（超過収益率）

アクティブ・リターン（超過収益率）
＝ポートフォリオのリターン－ベンチマークのリターン

POINT

アクティブ・リターンとは、市場ベンチマークから乖離するリスクを取った運用（アクティブ運用）の結果として得られたリターンで、ポートフォリオのリターンの、対ベンチマークでの勝ち負けを表します。アルファとも呼ばれます。

【3】アクティブ・リスク（トラッキング・エラー）

アクティブ・リスク（トラッキング・エラー）

$$= \sqrt{\frac{1}{n} \times \Sigma(アクティブ・リターン)^2}$$

n：期間数

14
【2】標準偏差→

POINT

ポートフォリオがどれだけベンチマークに対してリスクをとっているかを示す指標です。各期のポートフォリオ・リターンがベンチマークと上下に乖離すればするほど、アクティブ・リスクは大きくなります。なお、この計算式の代わりにアクティブ・リターンの標準偏差を使用して求める方法もよく使われます。

例1 前月末のTOPIXを1,100、当月末のTOPIXを1,150とする。TOPIXをベンチマークとした場合の、当月のベンチマークのリターンを求めなさい。

解 $\frac{1,150}{1,100}-1=4.55\%$

【1】の活用

例2 当月のポートフォリオのリターンが3%、ベンチマークのリターンが2%のとき、当月のアクティブ・リターン（超過収益率）を求めなさい。

解 $3-2=1\%$

【2】の活用

例3 下の表を用いて、6カ月間のアクティブ・リスク（トラッキング・エラー）を年率で求めなさい。

	ポートフォリオのリターン	ベンチマークのリターン	アクティブリターン
1カ月目	2%	1%	1%
2カ月目	3%	4%	−1%
3カ月目	−1%	−2%	1%
4カ月目	2%	2%	0%
5カ月目	0%	1%	−1%
6カ月目	4%	2%	2%

【3】の活用

解 アクティブ・リスク

$$=\sqrt{\frac{1^2+(-1)^2+1^2+0^2+(-1)^2+2^2}{6}}=1.15\%$$

年率に直すと、$1.15\times\sqrt{12}=4.00\%$

参考 標準偏差を用いる方法では、以下のようになります。

アクティブ・リターンの平均

$$=\frac{1+(-1)+1+0+(-1)+2}{6}=0.33\%$$

よって、アクティブ・リスク

$$=\sqrt{\frac{1^2+(-1)^2+1^2+0^2+(-1)^2+2^2}{6}-0.33^2}=1.11\%$$

年率に直すと、$1.11\times\sqrt{12}=3.85\%$

アクティブ・リターンの平均が0でない限り、両者は同じ値にはなりません。

51 シャープ・レシオと情報レシオ

42 リターン（収益率）→

48 ポートフォーリオのリスク→

50 アクティブ・リターンとアクティブ・リスク→

【1】シャープ・レシオ

$$シャープ・レシオ = \frac{R_P - R_F}{\sigma_P}$$

R_P：ポートフォリオのリターン　R_F：無リスク資産のリターン　σ_P：ポートフォリオの標準偏差

POINT

リターンを1%上げるために、何%のリスクを負担しなければならないかを示す指標です。

シャープ・レシオが大きければ、それだけ小さいリスクで高いリターンを達成できたと考えられますが、分子がマイナスの場合は分母（リスク）が大きいほどシャープ・レシオが大きくなってしまうという問題があります。

【2】情報レシオ（インフォメーション・レシオ）

$$情報レシオ = \frac{R_P - R_B}{\sigma_{TE}}$$

R_P：ポートフォリオのリターン
R_B：ベンチマークのリターン　σ_{TE}：トラッキング・エラー

POINT

シャープ・レシオの式と似ていますが、こちらはベンチマークに対するリスクとリターンの関係を示したものです。

情報レシオが大きければ、それだけ小さいリスクで高い超過リターンを達成できたと考えられます。

〈リスク調整後リターンとは〉

通常は、高いリターンを手に入れるためには大きなリスクを負担しなければならない（リターンとリスクのトレード・オフ関係）ため、単にリターンを比較するだけでは運用の巧拙を測ることができません。そこで、リスクを考慮に入れたリターン（リスク調整後リターン）が用いられます。シャープ・レシオや情報レシオはその代表的存在です。

例1 ポートフォリオのリターンを6%、無リスク資産のリターンを2%、ポートフォリオ・リターンの標準偏差を5%とするとき、シャープ・レシオを求めなさい。

解 シャープ・レシオ $= \dfrac{6-2}{5} = 0.80$

【1】の活用

例2 ポートフォリオのリターンを6%、ベンチマークのリターンを3%、トラッキング・エラーを6%とするとき、情報レシオを求めなさい。

解 情報レシオ $= \dfrac{6-3}{6} = 0.50$

【2】の活用

参考 アクティブ・リターンを縦軸に、アクティブ・リスクを横軸にとってグラフを描くと、情報レシオで評価する場合には左上にあるポートフォリオほど評価が高くなります。シャープ・レシオの場合でも同様のグラフが描けます。

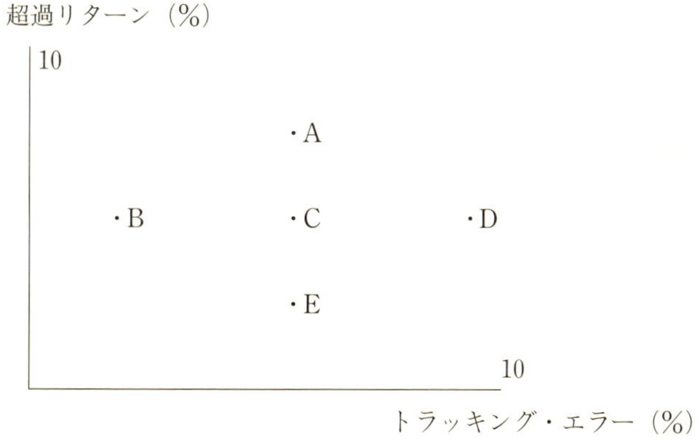

超過リターン（%）

10

・A

・B　・C　・D

・E

10

トラッキング・エラー（%）

上のグラフで、情報レシオによる評価はB、A、C、E、Dの順に高くなります。

52 アクティブ・リターンの要因分析

【1】アクティブ・リターンの要因分析

ポートフォリオのリターン－ベンチマークのリターン
＝セクター配分効果＋銘柄選択効果

50 【2】アクティブ・リターン →

POINT

株式の業種、債券の種類や年限、外貨建資産の国や通貨などをここでは「セクター」と呼ぶことにします。

アクティブ・リターン（対ベンチマークの超過リターン）は、セクター配分の巧拙による要因とセクター内の銘柄選択の巧拙による要因に分解することができます。

複数の資産をもつポートフォリオの場合には、上の式のセクターを資産に読み換えて、アクティブ・リターンを資産配分効果と資産内効果に分けることができます。

【2】セクター配分効果

セクター配分効果 ＝ $\sum (BR_i - BR_T) \times (PW_i - BW_i)$
BR_i：ベンチマークの第 i セクターのリターン
BR_T：ベンチマークのリターン
PW_i：ポートフォリオの第 i セクターの投資比率
BW_i：ベンチマークの第 i セクターの投資比率

POINT

相対的にリターンが高いセクターの投資比率が大きく、相対的にリターンが低いセクターの投資比率が小さければ、セクター配分は成功したと考えられます。

【3】銘柄選択効果

銘柄選択効果 ＝ $\sum (PR_i - BR_i) \times PW_i$
PR_i：ポートフォリオの第 i セクターのリターン
BR_i：ベンチマークの第 i セクターのリターン
PW_i：ポートフォリオの第 i セクターの投資比率

POINT

セクターごとにリターンがベンチマークを上回っていれば、それは銘柄選択が成功したと考えられます。

例1 下の株式運用実績表をもとに、業種配分効果を求めなさい。

	ポートフォリオ構成比	ベンチマーク構成比	ポートフォリオリターン	ベンチマークリターン
業種A	30%	40%	3.00%	2.00%
業種B	35%	30%	7.00%	5.00%
業種C	35%	30%	8.00%	7.00%
合　計	100%	100%	6.15%	4.40%

【2】の活用

解 業種配分効果は、以下のとおり。

業種A　(2.00%−4.40%)×(30%−40%) = 0.24%

業種B　(5.00%−4.40%)×(35%−30%) = 0.03%

業種C　(7.00%−4.40%)×(35%−30%) = 0.13%

合　計　0.24%+0.03%+0.13% = 0.40%

例2 (例1)の表をもとに、銘柄選択効果を求めなさい。

【3】の活用

解 銘柄選択効果は、以下のとおり。

業種A　(3.00%−2.00%)×30% = 0.30%

業種B　(7.00%−5.00%)×35% = 0.70%

業種C　(8.00%−7.00%)×35% = 0.35%

合　計　0.30%+0.70%+0.35% = 1.35%

参考 業種配分効果と銘柄選択効果を足し合わせると、アクティブ・リターン（=6.15%−4.40%=1.75%）に一致することがわかります。

〈要因分析の概念図〉

ア：セクター配分効果

イ+ウ：銘柄選択効果

(イを銘柄選択効果とみなし、ウを複合効果と呼ぶこともあります)

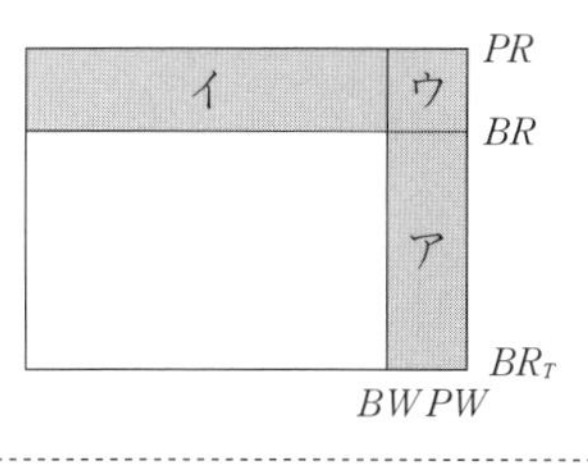

〈巻末資料〉Excel 関数の利用法

本書における Excel 関数の利用の例についていくつか紹介します。

32 （71ページ）

Excel で年金の将来価値を計算する場合は、FV 関数を用います。（例 1 ）の答えを得るためには、次のように入力します。

セルB7の式：=FV（B1, B2, B3, B4, B5）

	A	B
1	利率	0.03
2	期間	5
3	定期支払額	−80,000
4	現在価値	0
5	支払期日	1
6		
7	将来価値	437,473

この問題の場合は、毎年年金が支払われるのではなく入金するため、「定期支払額」はマイナスで入力します。また、当初の金額は 0 なので「現在価値」= 0 となります。「支払期日」は、 0 が期末積立て、 1 が期初積立てになるので、セルB5 を「 0 」に変えると、**33（期末積立ての場合）**の（例 1 ）の答えが得られます。

34 （75ページ）

Excel で現在価値を計算する場合は、PV 関数を用います。（例 1 ）の答えを得るためには、次のように入力します。

セルB7の式：=PV（B1, B2, B3, B4, B5）

	A	B
1	利率	0.03
2	期間	5
3	定期支払額	−80,000
4	将来価値	0
5	支払期日	1
6		
7	現在価値	377,368

この問題の場合は、5年間にわたって引き出した後に現金は残らないので、「将来価値」=0となります。また、「支払期日」は、0が期末受取り、1が期初受取りになるので、セルB5を「0」に変えると、**35（期末受取りの場合）**の（例1）の答えが得られます。

35（77ページ）

Excelには、すでに紹介した将来価値を求める関数（FV）、現在価値を求める関数（PV）の他に、定期支払額を逆算する関数（PMT）、期間を逆算する関数（NPER）、利率を逆算する関数（RATE）があります。このページの問題を、関数を用いて解くと、次ページの表のようになります。

セルE2の式：=PV（B2, C2, D2, F2, G2）
セルD3の式：=PMT（B3, C3, E3, F3, G3）
セルC4の式：=NPER（B4, D4, E4, F4, G4）
セルB5の式：=RATE（C5, D5, E5, F5, G5）

	A	B	C	D	E	F	G
1		利率	期間	定期支払額	現在価値	将来価値	支払期日
2	例 1	0.03	5	−80,000	366,377	0	0
3	例 2	0.04	5	−224,627	1,000,000	0	0
4	例 3	0.05	14.206699	−200,000	2,000,000	0	0
5	例 4	0.0148462	40	−100,000	3,000,000	0	0

【ギリシア文字】

大文字	小文字	読み方
Α	α	アルファ
Β	β	ベータ
Γ	γ	ガンマ
Δ	δ	デルタ
Ε	ε	イプシロン
Ζ	ζ	ツェータ
Η	η	イータ
Θ	θ	シータ
Ι	ι	イオタ
Κ	κ	カッパ
Λ	λ	ラムダ
Μ	μ	ミュー
Ν	ν	ニュー
Ξ	ξ	クサイ
Ο	o	オミクロン
Π	π	パイ
Ρ	ρ	ロー
Σ	σ	シグマ
Τ	τ	タウ
Υ	υ	ウプシロン
Φ	ϕ	ファイ
Χ	χ	カイ
Ψ	ψ	プサイ
Ω	ω	オメガ

〈事項索引〉

〈Excel 関数用語索引〉

【著者略歴】
砺波　元（となみ　げん）
1968年生まれ、東京都出身。1991年、東京大学経済学部卒、㈱日本興業銀行入行。現在、アセットマネジメントOne株式会社 リスク管理統括部マネジャー（みずほフィナンシャルグループより出向）。
主な著書に『資産運用のパフォーマンス測定』『KINZAIバリュー叢書 金融英文700選』（以上、金融財政事情研究会）、『ファンドマネジメント大全』（共著、同友館）。
公益社団法人日本証券アナリスト協会検定会員。

新装版
基礎から学べる投資・運用関連数式集

2018年8月8日　第1刷発行
（2003年1月15日　初版発行）

著　者　砺　波　　元
発行者　小　田　　徹
印刷所　株式会社 太平印刷社

〒160-8520　東京都新宿区南元町19
発行所　一般社団法人 金融財政事情研究会
企画・制作・販売　株式会社 き ん ざ い
出版部　TEL 03(3355)2251　FAX 03(3357)7416
販売受付　TEL 03(3358)2891　FAX 03(3358)0037
URL http://www.kinzai.jp/

ISBN978-4-322-13287-8